MATT CHRISTOPHER

En el campo de juego con...

Alex Rodríguez

MATT CHRISTOPHER®

En el campo de juego con...

Alex Rodríguez

Texto de Glenn Stout

LITTLE, BROWN AND COMPANY

New York ⌁ Boston

Little, Brown and Company

Time Warner Book Group
1271 Avenue of the Americas, New York, NY 10020
Visite nuestro sitio Web en www.lb-kids.com

Primera edición en español

Matt Christopher® es una marca registrada de
Matt Christopher Royalties, Inc.

Foto de la cubierta de Tom DiPace

Información del Catálogo de publicaciones de la Biblioteca
del Congreso

Stout, Glenn, 1958-
    [On the field with... Alex Rodriguez. Spanish]
    En el campo de juego con... Alex Rodríguez / texto de Glenn Stout.–
1. ed. en rústica.
    p. cm.
    At head of title: Matt Christopher.
    Summary: A biography of the talented Seattle Mariners' shortstop, Alex
Rodriguez, who signed with the Texas Rangers for the 2001 season.
    ISBN 0-316-73769-0
    1. Rodriguez, Alex, 1975–Juvenile literature. 2. Baseball
players–United States–Biography–Juvenile literature. [1. Rodriguez,
Alex, 1975- 2. Baseball players. 3. Dominican Americans–Biography. 4.
Spanish language materials.] I. Christopher, Matt. II. Title.
    GV865.R62S8618 2005
    796.357'092–dc22

                                                            2003025022

10 9 8 7 6 5 4 3 2 1

COM-MO

Impreso en Estados Unidos de Norteamérica

Contenido

Capítulo uno:

1975-1984

Hijo de la República Dominicana

Un día de verano en la República Dominicana, un pequeño país isleño del Caribe, un grupo de niños estaba jugando al béisbol en el parque local.

La mayoría de los niños tenían nueve o diez años. Compartían un único bate amarillo de aluminio. La bola que usaban estaba gastada y envuelta con cinta adhesiva.

Los amigos y la familia rodeaban el improvisado diamante mientras gritaban palabras de aliento. El más pequeño en edad y estatura del campo de juego, un niño de seis años llamado Alex, dio un paso hacia el plato.

A Alex no le importaba que el campo de juego no se pareciera a un campo de béisbol verdadero. Aun cuando el pasto estaba ralo y ninguno de los jugadores usaba un uniforme verdadero, Alex estaba, en su imaginación, en un estadio de la liga mayor y él era un jugador de béisbol de esta liga.

Algunos de los jugadores más grandes se reían del niño y lo abucheaban. No sólo era pequeño, también era un recién llegado que acababa de mudarse a la República Dominicana desde Estados Unidos. No hablaba español tan bien como los otros niños y no tenía muchos amigos. La mayoría de los jugadores no creía que un muchacho tan joven y pequeño tuviera siquiera un lugar en el juego.

Cuando el niño subió al plato, las únicas palabras a las que prestó atención fueron los gritos de aliento de sus padres. Oyó sus voces, pero no se dio vuelta para mirarlos. Con gesto serio miró dura y fijamente al lanzador y agitó el bate, lo inclinó hacia atrás sobre su hombro y se concentró.

El lanzador no quería que el pequeño jugador del bate amarillo lograra un batazo bueno y lo avergonzara. Se impulsó y lanzó la bola tan fuerte como pudo.

El niñito apretó los dientes y, mientras la bola se acercaba al plato, dio un abanicazo largo y horizontal.

"¡Paf!"

La vieja bola salió disparada del bate por encima de la cabeza del jugador de tercera base y a lo largo de la línea exterior izquierda, hacia un rincón distante del parque. Alex arrojó su bate al suelo y empezó a correr tan rápido como pudo hacia la primera base.

Correteó alrededor de las bases mientras la multitud lo aclamaba y el jugador exterior izquierdo iba detrás de la bola, que se alejaba rebotando. Cuando el jardinero la recuperó, el niñito había doblado por segunda y estaba corriendo rápidamente hacia la tercera. Cuando el jardinero arrojó la bola hacia el diamante, el niñito estaba en camino a la base de meta. El jardinero corto atrapó el relevo, giró y tiró a la meta, todo en un movimiento.

Pero fue demasiado tarde. Agotado y respirando con dificultad, Alex cruzó la base de meta justo antes de que llegara la bola.

¡Jonrón!

Sus compañeros de equipo lo rodearon y le palmearon la espalda. Sus padres lo ovacionaron y sonrieron con orgullo. El lanzador frunció el ceño y golpeó su guante. Tal como el niñito recordó años más tarde: —Estaba casi llorando, me sentía muy feliz.

Alex Rodríguez había bateado precisamente el primer jonrón de su vida. Con los años, cuando el niño se hizo hombre, la escena se repetiría una y otra vez. Hoy, cuando Alex Rodríguez, el jardinero corto de los Texas Ranger, batea un jonrón, todavía recuerda ese día tan lejano en la República Dominicana.

Y cuando Alex Rodríguez batea un jonrón o hace cualquier otra cosa en un campo de béisbol, sigue sintiéndose feliz. En la vida de Alex Rodríguez, jugar al béisbol siempre ha sido algo que lo ha hecho feliz. Como recordaba su madre más tarde, desde el momento en que Alex tomó un bate de plástico a los dos años, todo lo que siempre quiso ser fue transformarse en beisbolista.

—Fijó su atención desde pequeño y no hubo otra cosa que le interesara —dijo—. No le importaban ni el sol ni la lluvia. Sólo quería jugar al béisbol y lloraba si no lo llevaba al parque todos los días.

Hoy en día, Alex Rodríguez tiene muy pocas razones para llorar. Después de transformarse en jardinero corto estrella de los Seattle Mariners, en el año 2001 firmó un contrato nuevo de 252 millones de dólares para jugar para los Texas

Rangers. Tiene la oportunidad de ir al estadio de béisbol a diario y de hacer lo que más le gusta. A una edad en que la mayoría de los jugadores de béisbol todavía están tratando de triunfar en las ligas mayores, a Alex hoy se le considera uno de los mejores jugadores de ese deporte.

Pero para Rodríguez no fue fácil alcanzar semejante felicidad. Ha trabajado duramente por todo lo que ha conseguido. De no ser por el béisbol y la ayuda de algunas personas muy especiales, su vida pudo haber resultado bastante diferente.

Alex nació el 27 de julio de 1975 en la ciudad de Nueva York. Víctor, su padre, era dueño de una próspera tienda de calzado y Lourdes, su madre, colmaba a Alex de amor y atención.

Era el benjamín de la familia. Cuando Alex nació, Susy, su hermana, y Joe, su hermano, ya eran mayores y vivían fuera del hogar.

Sus padres se habían conocido y se habían casado en la República Dominicana. Aun cuando la República Dominicana es un país muy pobre, ellos estaban orgullosos de su herencia.

La vida es difícil en la República Dominicana. Los empleos son escasos y muchos dominicanos deben luchar para ganarse la vida, trabajando duramente por unos pocos dólares al día. El promedio de las personas gana menos de $1,000 al año. Pero a pesar de todo sueñan con triunfar.

Muchos dominicanos sueñan con mudarse a Estados Unidos y lograr una vida mejor. Para muchos niños y jóvenes dominicanos, ese sueño incluye jugar al béisbol.

Ese fue también el sueño de Víctor Rodríguez. Le encantaba el béisbol.

El béisbol es tal vez más popular en la República Dominicana que en cualquier otro lugar del mundo. El deporte llegó al país a fines del siglo XIX. Los dueños de fábricas y los propietarios de grandes plantaciones agrícolas comenzaron a patrocinar equipos para brindar entretenimiento a sus trabajadores.

En la República Dominicana el clima es cálido y está soleado casi todo el tiempo, y es posible jugar béisbol durante todo el año. El deporte se volvió rápidamente muy popular, y en poco tiempo los jugadores dominicanos estuvieron entre los mejores del mundo, igualando el talento de los que jugaban al béisbol en la liga mayor de Estados Unidos.

Pero a muchos jugadores dominicanos no se les permitía jugar al béisbol de la liga mayor en Estados Unidos. La mayoría de los dominicanos eran de razas diferentes, y sus antepasados incluyen esclavos africanos a los que habían llevado a la República Dominicana para trabajar en los campos. Hasta 1947, cuando Jackie Robinson empezó a jugar para los Brooklyn Dodgers, el béisbol de la liga mayor no permitía jugar a los descendientes de africanos. En este deporte había segregación racial. Sólo se permitía competir a los jugadores blancos.

Esto no impidió que los dominicanos jugaran al béisbol. Unos pocos, incluso, entraron a Estados Unidos y jugaron en las Ligas Negras. Después de que se iniciara una liga profesional en la República Dominicana, algunos integrantes de las Ligas Negras incluso viajaron a ese país para jugar al béisbol profesional.

Cuando Jackie Robinson rompió la barrera racial en Estados Unidos, los reclutadores de béisbol estadounidenses empezaron a buscar jugadores en la República Dominicana. Con el tiempo, muchos de los mejores jugadores dominicanos se abrieron camino en las ligas mayores, como el lanzador estrella Juan Marichal, que se transformó en el primer pelotero dominicano que ingresó al Salón de la Fama del Béisbol. Y los jugadores estadounidenses, tanto blancos como negros, empezaron a viajar a la República Dominicana para jugar en la liga invernal.

Víctor Rodríguez era un buen beisbolista. Jugó como receptor en la liga profesional dominicana. Pero no era tan talentoso como para jugar en las ligas mayores. Dejó de jugar y fue a trabajar.

Después de casarse con Lourdes, decidió mudarse a Estados Unidos para lograr una vida mejor para su familia. Tenía familiares en la ciudad de Nueva York.

Se establecieron en Washington Heights, un barrio de Nueva York donde viven muchos dominicanos. Víctor y Lourdes trabajaron duramente y ahorraron dinero. Con el tiempo, Víctor abrió una tienda de calzado.

La tienda de calzado tuvo más éxito del que Víctor jamás hubiera soñado. Pudo dar a su familia una vida desahogada. En 1975, después de que Alex naciera, Víctor empezó a pensar en el futuro.

Estaba cansado de trabajar largas horas todos los días. Y extrañaba la República Dominicana.

Así que cuando Alex tenía cuatro años, Víctor decidió retirarse y volver con su familia a la República Dominicana. Cedió la tienda de calzado a algunos familiares. Ellos manejarían la tienda y enviarían parte de las ganancias a los Rodríguez, a la República Dominicana. Aunque la familia no era rica, tenían suficiente dinero para vivir con holgura en la República Dominicana. Ellos vivían en una casa grande a menos de una milla de la playa, y hasta tenían una empleada doméstica que ayudaba con los quehaceres del hogar.

Al igual que la mayoría de los niños dominicanos, el pequeño Alex se inició en el béisbol a temprana edad. En la República Dominicana, los niños juegan al béisbol prácticamente en todos los parques o terrenos baldíos. Aunque a menudo carecen del equipo adecuado, como guantes o pelotas de béisbol nuevas, los jugadores lo compensan con su entusiasmo. Muchos niños juegan al béisbol casi todo el día durante todo el año.

Eso fue lo que Alex hizo, excepto cuando estaba en la escuela. Su padre lo alentó para que jugara y lo ayudó a practicar. Cuando tenía seis años, Alex tenía el talento suficiente para jugar con niños tres o cuatro años mayores que él. Podía correr rápido y tirar la bola con precisión. A la edad en que muchos niños estadounidenses todavía están aprendiendo a batear usando un soporte para práctica de bateo, Alex podía batear pelotas de béisbol que le arrojaba un lanzador.

Pero cuando Alex tenía ocho años, la familia recibió malas noticias. Como Víctor Rodríguez no estaba manejando el negocio, la tienda de calzado de Nueva York no estaba produciendo buenos resultados. Tenía que volver a trabajar. Decidió tomar a su familia y volver a Estados Unidos. Se mudaron a Kendall (Florida), en las afueras de Miami. Víctor abrió una tienda nueva, y una vez más trabajó largas horas para lograr que prosperara.

Fue un gran cambio para Alex, pero se adaptó rápidamente. En Miami hay muchos latinos, y Alex se integró bien, pues hablaba tanto inglés como español. Fue a la escuela y siguió jugando al béisbol, participando en ligas juveniles locales. A menudo sus padres lo veían jugar, y cada vez que Alex lograba un batazo bueno o hacía una buena jugada, su padre sonreía orgulloso. Pero poco después de que Alex cumpliera nueve años, su vida cambió drásticamente.

Un día, Víctor Rodríguez abandonó el hogar y nunca regresó. Alex, su hermana, su hermano y su madre estaban solos.

Capítulo dos:
1984-1991

Triunfo en Miami

Alex no entendió por qué su padre se había ido. Tiempo después dijo a un periodista: —¿Qué sabía en ese momento? Creía que iba a regresar. Creía que había ido a la tienda o algo así. Pero nunca regresó.

Muchos años más tarde Alex se enteró que a Víctor no le había gustado Miami. Quiso volver a Nueva York con su familia, pero su esposa no estuvo de acuerdo. Así que los abandonó y volvió a Nueva York solo.

—Había sido tan bueno conmigo, en realidad me malcriaba porque yo era el benjamín de la familia —recuerda Alex—. No podía entender lo que había hecho. Hasta el día de hoy, sigo sin entender cómo un hombre pudo hacer eso a su familia: darle la espalda.

Alex tuvo que madurar rápidamente. Su madre empezó a trabajar en una oficina y a veces trabajaba además como camarera. Susy, la hermana, y Joe, el hermano, asumieron un papel más amplio en su vida para compensar la ausencia del padre. Le dieron un buen ejemplo. Ambos habían ido al colegio universitario. Con el tiempo, Susy obtuvo el título de abogada, y Joe se transformó en empresario.

Más tarde Alex llamaría a Susy "secretaria de educación". Mientras su madre trabajaba, Susy se aseguraba siempre de que Alex fuera a la escuela e hiciera su tarea. Joe se transformó en el "secretario de deportes". Se aseguró de que Alex aprendiera a jugar bien.

Pero para Alex seguía siendo muy difícil. —Me mentí a mí mismo —recordó más tarde—. Traté de decirme que no tenía importancia. Pero cuando estaba solo, solía llorar. ¿Dónde estaba mi padre?

Alex fue afortunado. Después de que su padre se fuera, hubo muchas personas que se preocuparon por él. Su mejor amigo era un muchacho llamado J.D. Arteaga. Cuando el padre de J.D. se enteró de que el padre de Alex había abandonado a su familia, se interesó por el joven. El señor Arteaga escuchaba con paciencia los problemas de Alex y trataba de enseñarle el modo correcto de comportarse y de vivir la vida. —Fue como mi segundo padre —dijo Alex una vez.

Alex y J.D. eran inseparables. Jugaban juntos en el mismo equipo que patrocinaba el Boys Club. Generalmente, Alex jugaba como jardinero corto, pero cuando J.D. lanzaba, Alex atrapaba.

El señor Arteaga se dio cuenta de que a Alex, al igual que a su propio hijo, el béisbol le gustaba más que cualquier otra cosa. Un día le dijo al joven Alex: —Eres un gran pelotero. Vas a llegar muy lejos, y yo te voy a acompañar. El señor Arteaga se transformó en el primer preparador de béisbol de Alex.

Alex también encontró ayuda en el Hank Kline Boys and Girls Club, de Miami. A menudo, después de la escuela, iba allí a jugar con sus amigos. Eddie *Gallo* Rodríguez, un hombre que trabajaba en el Boys Club, se convirtió en uno de los mentores de Alex y, más tarde, en uno de sus mejores amigos.

A Alex le encantaba oír sus historias. Rodríguez había jugado muchos años al béisbol de la liga menor y pasaba horas trabajando con Alex, enseñándole la manera de jugar. Le dijo a Alex que, cuando eran niños, los beisbolistas de la liga mayor José Canseco y Rafael Palmeiro habían sido miembros del Boys and Girls Club.

El comentario impresionó a Alex. Como muchos otros niños, Alex seguía el béisbol de la liga mayor. Su jugador preferido era Cal Ripken, el jardinero corto del Baltimore Oriole.

A menudo a Ripken se le atribuye el cambio radical en la forma en que se considera la posición del jardinero corto. Antes de que Ripken llegara a las ligas mayores en 1981, se esperaba que los jardineros cortos fueran buenos defensores y poco más que eso. Su habilidad para batear se consideraba algo extra. La mayoría de los jardineros cortos eran hombres pequeños y rápidos valorados por sus habilidades defensivas. Cuando estaban en el plato, muchos simplemente golpeaban la bola.

Ripken era diferente. Medía 6 pies y 4 pulgadas, y era mucho más grande que la mayoría de los otros jardineros cortos. A pesar de que no era un corredor veloz, tenía reflejos rápidos y un brazo fuerte. Su posición la defendía bien y su falta de velocidad la compensaba estando siempre listo y asegurándose de estar en el lugar correcto según el bateador. Y también sabía batear, no sólo para el promedio sino además para jonronear. Alex ha dicho: —Era el único jardinero corto del que supe que bateara tercero en la alineación —lugar donde la mayoría de los equipos ponen a su mejor bateador.

En su primera temporada completa con los Orioles, en 1982, designaron a Ripken el Novato del Año de la Liga Americana. En 1983 lo designaron el Jugador más Valioso de la liga.

Así como Ripken era talentoso como beisbolista, tenía también varias cualidades más admirables. Entendió que era un modelo de conducta y trabajó duramente para vivir de acuerdo con las expectativas de sus seguidores, firmando autógrafos sin quejarse y comportándose siempre de modo amable. Nunca promocionaba sus propios logros y además tenía una ética de trabajo extraordinaria, que con el tiempo lo ayudaría a establecer el récord sin precedentes de partidos consecutivos jugados.

Alex Rodríguez no podía haber elegido a un pelotero mejor a quien imitar. Hasta tenía un póster de Ripken sobre su cama.

Se recostaba sobre la cama contemplando la fotografía, y arrojaba al aire una pelota de béisbol una y otra vez, atrapándola cuando descendía. Cada vez que pisaba el campo de béisbol, imaginaba que era Cal Ripken, y trataba de jugar de la misma manera en que Ripken lo hacía. Como Ripken, Alex deseaba ser un jugador completo y una buena persona.

Su familia estaba haciendo todo lo que podía para asegurarse de que Alex creciera de la forma correcta. Se aseguraron de que entendiera que la escuela era más importante que el béisbol. A Alex le gustaba aprender y le dijo a su madre que algún día podría ser médico o abogado. Su amor por la educación lo hizo diferente de otros niños. Una vez le admitió a un periodista: —Disfrutaba haciendo la tarea.

Su madre se aseguró de que Alex supiera lo duro que tenía que trabajar para mantener a la familia, así él nunca daría algo por sentado. Cuando volvía a casa después de haber trabajado como camarera, Alex tenía que contar el dinero que había ganado con las propinas, hasta cuarenta o cincuenta dólares en billetes y monedas. No sólo lo ayudaba con las matemáticas sino que también hacía que apreciara los esfuerzos de su madre. Ella debía trabajar para ganar cada centavo.

Al igual que en la República Dominicana, Miami tenía clima cálido durante todo el año y permitía que Alex jugara al béisbol casi todos los días. Además de jugar en las ligas juveniles locales, Alex, J.D. y un grupo de otros muchachos pasaban gran parte de su tiempo libre jugando al béisbol. Hacían lanzamientos entre ellos y se turnaban para batear hasta que estaba demasiado oscuro para jugar.

Aun entonces Alex era uno de los mejores jugadores de los alrededores. Era el único de su equipo que podía batear lanzamientos rápidos. En la zona de Miami eso era importante. Todo el estado de Florida es un semillero de talento beisbolístico, y la competencia es particularmente feroz en Tampa y en Miami. Ambas ciudades han enviado muchos jugadores al béisbol profesional.

Alex era más grande, más fuerte y más rápido que la mayoría de los chicos de su edad. Debido a su crianza dominicana, ya había jugado más béisbol que la mayoría de los niños de su edad. Cuando Alex jugaba en ligas organizadas, el señor Arteaga hablaba a los preparadores de lo bueno que era y pronosticaba que un día Alex jugaría en las ligas mayores.

Aunque a Alex le gustaba el béisbol más que cualquier otra cosa, de vez en cuando encontraba tiempo para otros deportes. Jugaba básquetbol, y tenía un tiro certero y habilidades para armar el juego que iban más allá de su edad. Y jugaba al fútbol americano, por lo general como mariscal de campo, donde su fuerte brazo se traducía en largos pases de anotación.

Pero en realidad lo que lo hizo sobresalir fueron sus habilidades en el diamante de béisbol. Cuando Alex estuvo en la escuela intermedia, jugó en varios equipos viajeros para los mejores jugadores de su edad. Participó en torneos en toda Florida y el sudeste de Estados Unidos.

Pero con todo lo talentoso que era, sus entrenadores estaban aun más impresionados por sus hábitos de trabajo y por la forma en que se comportaba. Tony Quesada, que entrenaba a uno de los equipos viajeros de Alex, le contó más tarde a un periodista que una mañana, en el hotel donde se alojaba el equipo, se sobresaltó al despertarse a las 7:00 a. m. y descubrir que Alex ya estaba despierto y estaba haciendo su rutina matinal de 100 abdominales y 100 flexiones de pecho.

Como recordaba uno de los compañeros de equipo de Alex, en esos viajes: —la mayoría de los muchachos estaban en la piscina del hotel o perdiendo el tiempo, mientras Alex estaba en su habitación mirando ESPN —estudiando la forma en que jugaban los integrantes de las ligas mayores.

Cuando Alex se preparaba para ingresar a la escuela secundaria en noveno grado, él y su familia tuvieron que tomar una decisión. ¿A qué escuela iría?

Una opción era quedarse en la escuela pública. Pero su madre se preocupaba por él. La escuela pública local era enorme, y aunque la mayoría de los estudiantes eran respetuosos y se portaban bien, algunos muchachos formaban pandillas, y a otros estudiantes simplemente no les interesaba aprender. Ella temía que la educación de Alex pudiera verse afectada en ese entorno.

Le interesaba también el programa de deportes de la escuela. Alex tenía un talento especial, y quería estar segura de que recibiera la instrucción adecuada para sacar ventajas de sus habilidades.

La otra opción era una escuela privada, Westminster Christian Academy. La escuela era mucho más pequeña que la escuela pública local, con sólo doscientos estudiantes en el programa de la escuela secundaria. Las clases eran pequeñas y se concentraba más en lo académico que muchas escuelas públicas. A la madre de Alex le resultaba atractivo también el programa de estudios de religión de la escuela. Quería asegurarse de que Alex se mantuviera encaminado y creciera para convertirse en un joven respetable y responsable. En Westminster los maestros eran estrictos, y todos los estudiantes tenían que usar el uniforme del colegio.

Westminster tenía también un programa de deportes fantástico. Aunque la escuela era pequeña, sus equipos estaban entre los mejores de Florida. La práctica de deportes en Westminster expondría a Alex al más alto nivel de competencia del estado.

Sólo había un problema. La escuela privada no era gratis. La matrícula anual en la escuela costaba cerca de 7,000 dólares.

Era mucho dinero para la madre de Alex.

Capítulo tres:
1990-1992

El jugador de los Warrior

Lourdes Rodríguez siempre había dedicado su vida a sus hijos. Cuanto más pensaba en el futuro de Alex, más creía que Westminster era el mejor lugar para su hijo, no sólo para Alex como beisbolista sino para Alex como persona.

Por muchos años había trabajado duramente y había abierto su propia oficina de orientación para la inmigración, donde se ayudaba a las personas provenientes de la República Dominicana y de otros países a establecerse en Estados Unidos y a convertirse en residentes legales y ciudadanos estadounidenses.

El alto costo de la escuela no formaba parte de su decisión final. Una vez que decidió que Alex debía asistir a Westminster, se sentó y empezó a planear cómo podría pagarlo. Decidió que se ocuparía en un segundo trabajo que le permitiera pagar la matrícula. Aceptó un trabajo de tiempo parcial como camarera, y empezó a ahorrar dinero. Finalmente, abrió incluso su propio restaurante.

Le explicó a Alex que no podía enviarlo a Westminster para que cursara noveno grado, pero que planeaba enviarlo el año siguiente. Mientras tanto, Alex tenía que seguir trabajando duramente en la escuela y mantener sus calificaciones altas.

Alex sabía que su madre estaba haciendo un gran sacrificio. Prometió esforzarse y no defraudarla nunca.

Al finalizar noveno grado, presentó su solicitud a Westminster y lo aceptaron. Ahora sabía que tendría que esforzarse aún mucho más.

Al principio Alex se sintió un poco intimidado en Westminster. La escuela era tan pequeña que se conocían entre todos. Los estudiantes provenían de toda Miami. Algunos eran muy ricos e iban a la escuela conduciendo lujosos autos nuevos. Y las clases eran mucho más difíciles. Les daban mucha tarea, y Alex tuvo que aprender a administrar su tiempo para estar seguro de que había hecho todo.

Pero se adaptó rápidamente a la escuela. Le encantaba aprender y tuvo éxito en el salón de clase. Se unió al equipo de fútbol americano e hizo amigos rápidamente. Pronto se convirtió en uno de los muchachos más populares de su clase. Tenía una sonrisa fácil y nunca se comportaba como un personaje importante. Y a las chicas de la escuela les gustaba el apuesto chico nuevo de ojos verdes.

Alex se hizo amigo de todos, muchachos y chicas, blancos, negros y latinoamericanos. Lo apodaron Cheech por un humorista latinoamericano. —Nací en Nueva York y crecí en Miami —dijo una vez—. Estoy orgulloso de ser estadounidense y orgulloso de que mis padres sean dominicanos. Tal como señaló un conocido de Alex: —Alex se identifica con ambas culturas.

Alex apenas si podía esperar que empezara la temporada de béisbol. Pero también tenía un poco de miedo. Westminster era el mejor equipo de Miami y uno de los mejores de todo el estado de Florida; de hecho, era uno de los mejores equipos de béisbol del país.

En 1990, los Westminster Warriors habían ganado el campeonato estatal de béisbol de la clase doble A y habían terminado décimos en la clasificación nacional de los equipos de béisbol de escuelas secundarias según *USA Today*. Muchos de los estudiantes de último año del equipo de 1990 ahora estaban jugando en los programas de alto nivel de colegios universitarios, y al lanzador Ron Caridad lo habían contratado los Minnesota Twins y estaba jugando béisbol profesional. Aún más, había trece jugadores que regresaban del equipo del campeonato estatal. Alex no estaba seguro de poder siquiera integrar el equipo, mucho menos de llegar a jugar. El preparador Rich Hofman tenía una muy merecida reputación como uno de los mejores y más exigentes preparadores de béisbol de escuelas secundarias de todo el país. Establecía niveles altos para sus jugadores.

Había creado el programa de béisbol de la escuela desde cero. Cuando empezó a preparar al equipo, no había siquiera un campo donde jugar. En sus primeras temporadas, el equipo apenas si ganó un partido.

Pero Hofman no renunció. Ayudó a juntar dinero para construir un campo de juego y fue a los talleres de todo el estado para aprender los pormenores del entrenamiento. Westminster empezó a ganar y, una vez que lo lograron, el programa empezó a atraer a los mejores beisbolistas de Miami. Hacia la década de los ochenta eran un excelente equipo, tan poderoso que tenían que viajar por todo el estado para encontrar equipos que quisieran jugar con ellos.

Hofman había oído hablar de Alex Rodríguez aun antes de que Alex se hubiera matriculado en la escuela. J.D. asistía a Westminster y le había dicho a Hofman que su amigo Alex era el mejor jugador de la ciudad. El señor Arteaga dijo lo mismo al preparador. —Debería verlo (a Alex) para que le creyera —le dijo a Hofman.

Al principio, Hofman no prestó mucha atención. Como le dijo más adelante a un periodista: —A los preparadores les dicen siempre esas cosas. Se imaginó que Alex era sólo otro buen jugador, pero nada especial.

Las cosas iban bien para Alex, pero entonces ocurrió una tragedia. Casi al final de la temporada de fútbol americano, el padre de J.D. sufrió un ataque cardíaco y murió mientras asistía a un partido de fútbol americano en el que jugaban Alex y J.D. Como Alex dijo más adelante: —Todo lo que le dio a su hijo me lo dio a mí. Todavía juego en su honor.

De hecho, más adelante Alex atribuyó al señor Arteaga el mérito de haberlo ayudado a darse cuenta de lo que tenía que hacer para alcanzar su potencial. Después de su muerte, recuerda Alex: —Empecé a tratar de guiar por medio del ejemplo y nunca perdí un día de escuela, e hice siempre mi tarea.

Cuando comenzó la práctica de béisbol, el preparador Hofman finalmente se fijó bien por primera vez en el jugador de segundo año de secundaria. Como Hofman recordó más adelante: —Alex no era Supermán. Era un muchacho alto, delgado y no muy fuerte. Pero su desempeño era realmente bueno. Esto lo ayudaba en la defensiva, pero todavía no era un bateador consumado.

Por cierto, al principio Alex no sobresalió en absoluto. No estaba cerca de ser el mejor jugador del equipo. En febrero de 1991, en un anticipo dado por Hofman al *Miami Herald*, este apenas mencionó a Alex. Promocionó a J.D. como una futura estrella del lanzamiento. Alex era tan sólo otro candidato al diamante.

Como dijo Hofman más adelante, Alex pasó la mayor parte de la temporada "adaptándose a nuestro programa de alta intensidad". En Westminster, jugar al béisbol era un asunto serio, y Hofman se aseguraba de que sus jugadores se esforzaran fuertemente.

Al principio, Alex ni siquiera estaba en la primera línea. Al comienzo de la temporada, Hofman repartió la posición entre Alex y otros dos jugadores. Pero, finalmente, Alex ganó el puesto con su guante. Su forma de batear, recordaba Hofman, aun necesitaba mejorar. —Abanicaba un montón de lanzamientos malos —contó más adelante el preparador.

Es probable que jugar en un equipo tan bueno ayudara a Alex. No se esperaba que fuera la gran estrella, y pudo relajarse y simplemente jugar. Aunque Westminster no era tan dominante como había sido en 1990, el equipo era todavía uno de los mejores del estado y clasificaron con facilidad para el torneo estatal.

En las finales regionales se enfrentaron con los Gulliver, su rival más grande. Tan sólo un mes antes había logrado derrotar a los Gulliver, por 2 a 1, en uno de los partidos más reñidos del año. Todos esperaban otro partido reñido.

Pero nadie sabía realmente a qué atenerse en la revancha. J.D. no había lanzado desde el último partido contra los Gulliver debido a un brazo dolorido. Y Omar Fernández, el lanzador principal de los Gulliver, era uno de los mejores lanzadores de las escuelas secundarias del país. Westminster había sido el único equipo que lo había derrotado.

Mientras tanto, Alex Rodríguez había estado mejorando cada día. En la primera entrada, llegó al bate con un corredor en la base.

Fernández no estaba demasiado preocupado por Rodríguez. Un mes atrás lo había ponchado con facilidad.

Pero no esta vez. Fernández desafió a Rodríguez con una recta, y el joven jardinero corto reaccionó. "¡Toletazo!" La bola salió disparada desde el bate hacia el centro del exterior izquierdo y luego siguió adelante.

La bola se elevó por encima de la valla, en lo que el *Miami Herald* describió como "un fenomenal jonrón de dos carreras que trazó una curva en su camino por encima de la marca de los 375 pies al centro del exterior izquierdo." El jonrón colocó a los Warriors en la delantera, 2 a 0.

El cuadrangular estremeció a Fernández y brindó confianza a los compañeros de equipo de Alex. Anotaron otra carrera en la primera y tres más en la segunda, dándoles una ventaja considerable. J.D. impidió que los Gulliver anotaran ninguna carrera, y Westminster arrasó con una victoria aplastante de 10 a 0.

Dos semanas después, los Warriors necesitaban sólo un triunfo más para cerrar el campeonato estatal. Todo lo que tenían que hacer era derrotar al Clearwater Central Catholic.

Westminster iba adelante en la primera al anotar dos veces, incluyendo una carrera cuando el lanzador contrario trató de eliminar a Alex de la base e hizo un tiro malo. En la jugada J.D. pudo anotar desde la tercera.

Al empezar la quinta entrada, Westminster ganaba 4 a 0. J.D. estaba lanzando no-hitter. Entonces, todo salió mal para Westminster.

J.D. perdió su no-hitter cuando el primer bateador avanzó a primera base. Luego, la defensa del Westminster cometió varios errores. Clearwater anotó cinco carreras y terminó ganando 5 a 4.

Alex estaba decepcionado, pero había tenido una buena temporada. Fuera de temporada entrenó más duramente. Jugó como mariscal de campo del equipo de fútbol americano, al que llevó a un récord de 9 a 1. Los reclutadores de fútbol universitario lo anunciaron como uno de los mejores mariscales de campo del estado.

Cuando el equipo de béisbol se reunió para la primera práctica del tercer año de secundaria de Alex, el preparador Hofman apenas podía creer lo que veía.

Alex había madurado. Había crecido dos pulgadas y había sumado treinta libras de desarrollo muscular. El estudiante larguirucho de segundo año se había transformado en un prospecto. Alex medía ahora seis pies y dos pulgadas, y pesaba 185 libras. No había perdido nada de velocidad. De hecho, había logrado ser más veloz y más rápido. Lo que es más importante, era mucho más fuerte que el año anterior.

El preparador Hofman se dio cuenta de que Alex podía ser un pelotero especial. Comenzó a pasar más tiempo con él, cumpliendo el papel de padre sustituto que una vez ocupara el señor Arteaga. —Creo que confiaba en mis consejos —recordó el preparador tiempo después—. Teníamos una especie de relación de padre a hijo adoptivo. Aun hoy, Alex sigue cerca del preparador Hofman, entrenando seguido con él en la escuela fuera de temporada y, de vez en cuando, haciendo que Hofman vuele para verlo jugar.

Aún así los Warriors eran un equipo sagaz y experimentado, que tenía una cantidad de estudiantes de último año a los que se consideraba estrellas. Aunque Alex era ahora uno de los mejores jugadores del equipo, no era todavía la gran estrella.

Pero los contrarios se dieron cuenta rápidamente de su mayor fortaleza. Hacia el final de la temporada, los lanzadores tenían miedo de lanzarle la bola al plato. Su bate era tan rápido y potente que casi nunca le lanzaban una recta. La única oportunidad que tenían de eliminarlo era hacerle lanzamientos más lentos, con cambios de velocidad o bolas curvas, y esperar que Alex estuviera demasiado ansioso y se ponchara.

Poco probable. Alex se volvía cada vez más disciplinado en el plato y acumulaba cada vez más bases por bolas. Con su velocidad podía robar bases casi a su antojo, así que recibir base por bolas era casi como batear un doble.

Westminster tuvo una temporada regular espectacular, perdiendo sólo tres veces. Clasificaron con facilidad para el torneo estatal y lograron llegar a las finales contra el Melbourne Florida Air Academy.

Alex llevó a su equipo a un buen comienzo. Bateó en primer lugar y empezó el partido con un golpe suave que pasó por encima de la cabeza del lanzador. El jardinero corto interceptó la bola, pero Alex llegó a primera como un rayo antes que el tiro. El segundo bateador recibió base por bolas, entonces Doug Mientkiewicz, que ahora juega en las ligas mayores para los Minnesota Twins, movió a Alex a la tercera base con un roletazo. Anotó cuando Mickey López, el cuarto bateador de Westminster, quien tiempo después jugaría también profesionalmente, llegó a primera con un hit de cuadro.

Ésa era toda la ayuda que J.D. necesitaba. No se dejó quitar la ventaja del Melbourne, impidiéndole anotar carreras en cinco batazos buenos. Westminster ganó y consiguió el campeonato estatal de la clase doble A. Unas semanas después, *USA Today* lo designó el equipo de escuelas secundarias número uno del país. Alex fue uno de los ocho jugadores increíbles de Westminster designados para formar parte del equipo estatal, y a él y al lanzador Steve Butler, su compañero de equipo, los designó un grupo de periodistas como los mejores jugadores de todas las escuelas secundarias de Estados Unidos.

Sus estadísticas eran inconcebibles. A pesar de recibir lanzamientos durante todo el año, Alex bateó un promedio de .477. ¡En 35 partidos robó la asombrosa cantidad de 42 bases y anotó 51 carreras! Ya sea con batazos buenos o con base por bolas, ganó la base en casi el sesenta por ciento de las veces y conectó seis jonrones.

Ya los preparadores de béisbol de los colegios universitarios se ponían en contacto con Alex para ofrecerle becas. Los reclutadores de béisbol empezaron a correr la voz de que si Alex Rodríguez quería jugar profesionalmente, sería uno de los jugadores seleccionados más importantes. Con su último año a punto de empezar, Alex sabía que pronto tendría que tomar ciertas decisiones.

Capítulo cuatro:
1992-1993

¿Supermán?

En el verano de 1992, la estrella de Alex no hizo más que elevarse. Jugó en un equipo nacional de Estados Unidos contra equipos de todas partes, brindando a los reclutadores de béisbol muchas oportunidades de verlo jugar. Al enfrentar una competencia más dura que en la escuela secundaria, Alex fue aún mejor de lo que los reclutadores habían pensado.

Se hacía evidente que Alex era una clase poco común de pelotero, un jugador al que los reclutadores llaman "jugador de cinco herramientas". La frase se refiere a las cinco habilidades que los reclutadores de béisbol buscan en un jugador: aptitud para correr, para tirar, para interceptar, para dar batazos buenos y para batear con potencia. Pocos jugadores, aun en las grandes ligas, tienen más de dos o tres de esas habilidades bien desarrolladas. Los jugadores que tienen las cinco habilidades son, por lo general, estrellas como Willie Mays y Ken Griffey Jr.

Alex oía rumores de que si decidía entrar directamente en el béisbol profesional, podría ser uno de los primeros jugadores incluidos en la selección que se realizaba todas las primaveras para jugadores aficionados. Ser uno de los primeros jugadores seleccionados podía significar un contrato con una bonificación por firma de más de un millón de dólares.

Pero al mismo tiempo, Alex pensaba en asistir al colegio universitario. Uno de sus objetivos siempre había sido tener un título universitario.

Alex había incluso decidido a qué colegio universitario asistiría si no firmaba un contrato de béisbol profesional. Aceptó una beca de béisbol para la Universidad de Miami. Algún día esperaba ser maestro. Sabía que en algún momento del año siguiente tendría que decidir si llegar a ser un jugador profesional o asistir al colegio universitario. Hasta entonces, deseaba jugar su temporada como alumno de último año tanto en fútbol americano como en béisbol. Incluso estaba considerando tratar de jugar ambos deportes en el colegio universitario.

Entonces sucedió algo que cambió todo. El huracán Andrew golpeó la zona de Miami, derribando edificios, provocando inundaciones e hiriendo a cientos de residentes de la zona. Aunque Alex y su familia y amigos resultaron ilesos, la tormenta devastó la zona y provocó daños en Westminster por tres millones de dólares, que incluían daños de consideración al campo de béisbol.

El huracán hizo que Alex tomara conciencia de la rapidez con que las cosas podían cambiar. Nunca antes había contemplado la posibilidad de resultar lastimado. Ahora lo había hecho.

Esto lo llevó a tomar otra decisión. A pesar de ser un mariscal de campo estrella, Alex optó por no jugar fútbol americano durante el último año de la escuela secundaria. La amenaza de una lesión sencillamente ponía en riesgo su carrera en el béisbol. Decidió concentrarse por completo en el béisbol. Sabía que si jugaba lo mejor que podía, al finalizar la temporada de béisbol todavía tendría la posibilidad de jugar profesionalmente o de ir al colegio universitario.

Durante el otoño, todo lo que hizo fue estudiar y entrenar. Como le dijo tiempo después a un escritor: —Era el tipo más aburrido de la escuela secundaria. No fui ni al baile de graduación ni al de bienvenida. Estaba a tal grado concentrado en el béisbol.

Al comienzo de la temporada de béisbol, la revista *Baseball America*, que cubre en detalle el béisbol de las escuelas secundarias y los colegios universitarios, designó a Alex el prospecto de escuela secundaria número uno del país. Un respetado preparador de colegio universitario lo describió diciendo: —Si te sentaras frente a una computadora y te preguntaras cómo construirías al perfecto jardinero corto, ingresarías toda la información y entonces verías a Alex Rodríguez.

La presión sobre Rodríguez era intensa. Un sondeo de opinión de pretemporada de *USA Today* ya había elegido a Westminster como el mejor equipo del país. Todos esperaban que Westminster ganara de nuevo el campeonato estatal. Y esperaban que Alex fuera la gran estrella. Antes del comienzo de la temporada, el preparador Hofman le advirtió que en el primer partido vería un montón de reclutadores.

Alex asintió pero no le preocupaba. Había reclutadores en casi todos los partidos que Westminster jugaba. Estaba acostumbrado a su presencia, y nunca habían afectado su desempeño.

Pero cuando Alex entro al campo de juego en el primer partido de los Warriors, se quedó atónito.

Sesenta y ocho reclutadores, las dos terceras partes de una multitud de alrededor de cien espectadores, estaban sentados en las tribunas con anotadores, cronómetros y pistolas de radar en mano.

Cada vez que se movía, todos tomaban notas. Cada vez que corría hacia la primera base, podía oír el clic de los cronómetros al encenderse y apagarse. Y cada vez que arrojaba la bola, se daba cuenta que estaban apuntando sus pistolas de radar para medir la velocidad de sus tiros.

A pesar de todas las distracciones, Alex jugó bien en el partido de apertura. Después del partido, un periodista que no era del lugar buscó a Alex y empezó a hacerle preguntas.

—¿Cómo supo de mí? —preguntó Alex, perplejo. Cuando el periodista le explicó que era porque se le consideraba el mejor prospecto de béisbol en años, Alex apenas podía creerlo.

Esa noche habló con su madre acerca de toda la atención que de pronto estaba recibiendo. Estaba empezando a incomodarlo. No sabía cómo comportarse.

La madre pensó por unos instantes y luego dijo a su hijo: —Los reclutadores están allí porque ya han visto algo que les gusta. Así que no cambies. Compórtate con naturalidad.

Ese fue el mejor consejo que podía haber recibido, porque a medida que la temporada continuaba, la atención sobre Alex aumentaba. En el siguiente partido aparecieron setenta y dos reclutadores. La oposición promocionaba su aparición como si fuera un boxeador profesional o algo parecido. Multitudes de más de mil aficionados se volvieron comunes en los partidos de Westminster, una cantidad extraordinaria para un partido de escuela secundaria. Los niños lo acosaban para conseguir su autógrafo. Antes de un partido de una gira, el periódico local anunció la presencia de Alex con un titular que decía "¡LLEGA SUPERMÁN AL PUEBLO!" Toda la atención le resultaba incómoda.

Hasta se puso en contacto con Derek Jeter, para entonces jardinero corto de la liga mayor, que estaba en el primer año de béisbol de la liga menor, para pedirle consejo sobre cómo responder a toda la atención. El año anterior, cuando estaba en la escuela secundaria, a Jeter lo habían promocionado tan intensamente como a Rodríguez ahora. Jeter le dijo que tratara de permanecer concentrado en el partido. Los dos congeniaron desde el principio y se hicieron buenos amigos.

Alex no permitió que nada afectara su manera de jugar. Siguió mejorando. Durante los diez primeros partidos de la temporada, bateó un promedio de .600 con siete jonrones, 21 RBI y 12 robos. Durante un tramo, ¡llegó a base la increíble cantidad de 21 veces seguidas! Westminster empezó la temporada 10 a 0.

Luego enfrentó a un fuerte equipo de Coral Gables. Los dos equipos jugaron un partido nocturno, y fueron a verlos casi 2,000 aficionados. Steve Butler, el lanzador de Westminster, obstaculizado por una defensa algo pobre, perdió su primer partido en más de dos años; y Alex quedó limitado a un solo batazo y cometió un error muy costoso. Westminster perdió 8 a 5.

Pero a medida que la temporada avanzaba, Alex lograba, de algún modo, mantener el equilibrio.

Cada vez que llegaba al bate, el lanzador contrario lanzaba como si fuera el último juego de la Serie Mundial. Los reclutadores le dijeron al preparador Hofman que, según sus pistolas de radar, la mayoría de los lanzadores tiraban tres o cuatro millas por hora más rápido cuando bateaba Alex que cuando lo hacían otros bateadores.

Westminster jugó en forma pareja durante la temporada regular y terminó con sólo cuatro partidos perdidos. Entró al torneo estatal como gran favorito para repetir el triunfo como campeón estatal de la clase doble A.

Al comienzo del torneo se enfrentó con la escuela Cardinal Newman de West Palm Beach. West Palm tenía un buen equipo, pero nadie esperaba que derrotara a Westminster.

Pero los jugadores de West Palm no estaban intimidados. Jugaron con destreza y esmero, mientras que los jugadores de Westminster no estaban sincronizados. Al ingresar a la sexta entrada, Westminster perdía por 3 a 0.

En la sexta Alex fue el primer bateador de Westminster. Sabía que tenía que ganar la base y empezar un rally. El preparador Hofman le hizo la seña de toque de bola.

Alex asintió. Sabía que West Palm no esperaría que el prospecto más grande de todo el béisbol hiciera un toque de bola. El jugador de tercera base estaba jugando en el fondo.

Mientras el lanzador se alistaba, Alex esperaba. En el último instante, cuando el brazo del lanzador empezó a balancearse hacia delante, Alex giró sobre la punta de los pies para estar de frente al lanzador y bajó la mano de arriba deslizándola por el bate, sosteniéndolo a la altura del pecho y casi paralelo al suelo.

Justo cuando el lanzador soltó la bola, un jugador de cuadro gritó: —¡Toque de bola, toque de bola! —para alertar a sus compañeros de equipo. Pero para cuando lo oyeron, Alex ya había tocado la bola con la parte gruesa del bate y la había dirigido suavemente hacia la línea de la tercera base. Entonces dejó caer el bate y empezó a correr tan rápido como pudo.

Se lanzó hacia la primera base. El sorprendido jugador de tercera base corrió hacia la lenta pelota rodada y se inclinó para recogerla. La recogió y la arrojó tan rápido como pudo hacia la primera base.

Alex no vio nada de esto. Sólo corría a toda velocidad, moviendo con fuerza, al unísono, los brazos y las piernas. Cuando se acercó a la almohadilla, dio un largo tranco final.

Vio que el jugador de primera base extendía la mano, y que luego sacaba el pie de la base. La pelota, una mancha blanca, pasó picando.

¡El tiro fue malo! Alex frenó, giró y corrió hacia la segunda base. Para cuando West Palm persiguió y atrapó la bola, ¡él estaba parado a salvo sobre la almohadilla!

El siguiente jugador recibió base por bolas, haciendo avanzar a Steve Butler. Con dos ponches el preparador Hofman decidió un doble robo. Alex y su compañero de equipo empezaron a correr hacia las siguientes bases tan pronto como el lanzador empezó su lanzamiento.

Ambos jugadores se deslizaron a salvo. Butler se ponchó, pero ahora Westminster tenía a dos corredores en posición de anotar.

Cuando el siguiente bateador fue al bate, Alex bailaba peligrosamente fuera de la tercera base. Distrajo al lanzador y al receptor, y un lanzamiento rebotó libremente. Alex trotó a la meta para dar a Westminster su primera carrera. Un momento después, un compañero de equipo bateó un sencillo, haciendo que el otro corredor pusiera el marcador 3 a 2.

Todavía seguía 3 a 2 al comienzo de la séptima y última entrada. Con un eliminado, el jugador de los Warrior Robert Pérez salió en busca de un batazo bueno. Eso hizo entrar a Alex.

La multitud rugía. Todos sus compañeros de equipo estaban de pie en el foso. El preparador Hofman no quería a otro jugador en el plato.

El lanzador de West Palm tenía que hacerle un lanzamiento a Alex para que bateara. Si le daba base por bolas, Pérez quedaría en posición de anotar.

Alex se paró en el cajón del bateador y trató de relajarse. Concentró toda su atención en el lanzador.

El lanzador se alistó y lanzó. Alex bateó y... *¡paf!* la bola se alejó volando del bate.

Pasó disparada por encima de la cabeza del jugador exterior izquierdo describiendo una línea baja, luego superó la valla y dio un enorme rebote. ¡Jonrón! ¡Westminster ganaba 4 a 3!

Alex empezó a trotar alrededor de las bases mientras Pérez corrió a la meta, y los jugadores del Warrior estallaron en el banco, saltando de alegría.

Pero cuando Alex doblaba por segunda base, el árbitro le indicó con un gesto que se detuviera.

—La bola rebotó sobre la valla —dijo—. Es un doble de terreno. Alex se detuvo con la boca abierta en señal de incredulidad. Sabía que había bateado un jonrón. Pero no discutió. Sencillamente se quedó en la segunda base.

El preparador Hofman salió corriendo hacia el campo de juego y discutió brevemente con el árbitro, pero no sirvió de nada. Aunque el árbitro fue la única persona del campo de juego que no vio la bola pasar por encima de la valla, su opinión era la única que importaba. El marcador estaba empatado 3 a 3, y Alex estaba en segunda.

Un momento después, pareció que no importaba cuando Steve Butler avanzó a primera base, haciendo que Alex anotara y poniendo a Westminster adelante. Pero West Palm empató el juego en la segunda mitad de la séptima, forzando el partido a entradas suplementarias.

El marcador se mantuvo inmóvil hasta la última de la novena. Con un corredor de West Palm en la segunda base, el bateador pegó un roletazo fácil a Alex, en el jardín corto.

Alex había hecho jugadas similares miles de veces. Arrastró los pies rápidamente para ubicarse frente a la bola y mantuvo bajas las manos, con el guante tocando el suelo. Cuando la bola rebotó hacia él la recogió, la pasó del guante a la mano, giró y la arrojó a la primera base con su habitual tiro fuerte.

Pero esta vez algo salió mal. Su tiro fue demasiado fuerte. La bola salió desviada.

El corredor de la segunda base salió corriendo y dobló por tercera mientras la bola picaba lejos hacia la línea exterior derecha. Mientras varios jugadores de Westminster corrían desordenadamente detrás de la bola, el equipo de West Palm corrió desde el banco y rodeó la base de meta. El corredor anotó sin un tiro, luego desapareció entre la multitud. West Palm ganó 5 a 4.

Alex Rodríguez permaneció en el jardín corto, con la mirada perdida. En el último partido de su carrera en la escuela secundaria, durante una jugada que había hecho miles de veces, había cometido un error, y su equipo había perdido.

Se había terminado.

Capítulo cinco:
1993

Un largo verano

Después del partido, el preparador Hofman lo tomó con filosofía. —Esas jugadas las hace con los ojos cerrados —dijo—. Ha significado mucho para este equipo. Ha hecho muchísimo. No pueden culparlo. Es humano.

Todos comprendieron. Los errores forman parte del béisbol. Alex sabía que incluso Cal Ripken, su héroe, a veces cometía errores.

Alex terminó el año con un promedio de bateo de .505, nueve jonrones, 38 RBI y 38 bases robadas. Le dieron base por bolas 30 veces y ganó base 89 veces en 129 apariciones en el plato, para lograr un increíble porcentaje de llegadas a la base de .712. Nada de lo realizado durante el año había hecho que los reclutadores de béisbol pensaran menos de él. De hecho, algunos estaban pronosticando que sería el primer jugador elegido en la selección, programada para el 3 de junio.

Durante su carrera de tres años en Westminster, Alex había bateado un sólido promedio de .419, había anotado 135 carreras, había dado 70 batazos buenos, y había pegado 17 jonrones. Aunque había cometido 24 errores, también había robado 90 bases en 94 intentos.

Alex deseaba que llegara el día de la selección. Sabía que eso determinaría su futuro. Si le ofrecían suficiente dinero, pensaba firmar un contrato profesional. Quería cuidar a su madre. Pero si no le ofrecían un contrato lo suficientemente importante, pensaba ir a la Universidad de Miami, en donde participaría otra vez en la selección al terminar el primer año.

Con la ayuda de algunos amigos de la familia, Alex y la madre ya habían seleccionado a un representante para que los ayudara con sus negociaciones en el béisbol profesional. Eligieron a Scott Boras, un representante conocido como negociador implacable.

Durante las semanas previas a la selección, Alex trató de disfrutar de los últimos días de escuela secundaria y de la graduación. Durante todo el año la escuela y el campo de béisbol fueron los dos únicos lugares en los que se había sentido cómodo y relajado. Pero al mismo tiempo había disfrutado cada minuto. —Alguien me preguntó si me sentía aliviado porque [la escuela secundaria] se terminaba —dijo en ese momento—. No, me gustaría volver a empezar y hacerla de nuevo.

La mayoría de los observadores esperaba que Alex fuera la primera selección, que llevaban a cabo los Mariners de Seattle, o la segunda, que llevaban a cabo los Dodgers de Los Ángeles. El otro gran prospecto era el lanzador de colegio universitario Darren Dreifort. Dreifort era mayor que Alex y lo consideraban menos riesgoso que Alex y mejor preparado para jugar en las grandes ligas. Si los Mariners decidían elegir a Dreifort, era probable que los Dodgers eligieran a Alex en la segunda selección.

Alex esperaba que lo eligieran los Dodgers. Quería jugar al aire libre con clima cálido y en la Liga Nacional, para que su familia pudiera verlo jugar en persona cada vez que los Dodgers viajaran a Miami para jugar con los Marlins de Florida.

En Seattle el clima era, por lo general, fresco y húmedo. Los Mariners jugaban en un estadio cubierto que no era muy atrayente, y como equipo de la Liga Americana, nunca viajaban a Florida. Una semana antes de la selección, hasta se puso en contacto con los Mariners y les pidió que no lo eligieran. Pero los del equipo seguían convencidos de que si decidían elegirlo, podrían convencer a Rodríguez de que firmara.

La noche anterior a la selección, Alex y sus amigos más íntimos hicieron juntos un crucero por el puerto para celebrar el fin del año escolar y el comienzo de la siguiente etapa de la vida.

El día del sorteo, Alex, su familia y amigos, y los miembros de la prensa se reunieron en el segundo hogar de Alex, la casa de su amigo J.D., para celebrar una fiesta del día de selección. Cerca de cien personas se reunieron en el jardín trasero y en el patio para esperar una llamada telefónica del equipo que eligiera a Alex.

Mientras tanto, en las oficinas centrales de la selección, se reunían varios miembros de la dirigencia de los Seattle Mariners, tratando de decidir a quién elegir. Los Mariners ya tenían un gran bateador joven, Ken Griffey Jr. Necesitaban un lanzador, y algunos dirigentes del equipo querían que el club eligiera a Dreifort.

Pero los informes de los reclutadores de los Seattle promocionaban a Rodríguez como una clase de jugador "que aparece sólo una vez en la vida". Cuando *Baseball America* había informado que era probable que los Mariners eligieran a Dreifort en lugar de Rodríguez, Fernando Argüelles, el reclutador para la zona de Miami, protestó. Pero como explicó más tarde Roger Jongewaard, el vicepresidente del equipo de reclutamiento y desarrollo: "Decidimos tirar los dados e ir con el jugador de posición".

A la 1:14 p. m. sonó el teléfono en la casa de J.D. Eran los Mariners. ¡Habían elegido a Alex! Si se ponían de acuerdo con un contrato, Alex se uniría a la organización de los Mariners.

Alex se sentía un poco decepcionado porque los Dodgers no lo habían elegido, pero aun así estaba emocionado. —Sí, estoy contento de ser el número uno —dijo Alex a la prensa momentos más tarde—. Soy el número uno y tengo que estar a la altura. Es como empezar un capítulo nuevo. Tenía mucha confianza en que los Seattle me tomarían.

Entonces un periodista preguntó a Alex si creía que firmaría con los Mariners o si finalmente decidiría aceptar la beca en la Universidad de Miami.

—No tengo apuro —explicó Alex—. Depende de lo buenos que quieran ser [los Mariners] durante las negociaciones. Sólo queremos algo justo. Susy, la hermana, agregó después: —Esperamos que sean justos. Mi hermano es uno de los jugadores más completos que existen. Sólo queremos nos traten de manera justa.

Todos estaban felices. Susy empezó a llorar, y todos felicitaban a Alex. Luego, una hora después, le tocó a Alex dar sus felicitaciones. Al lanzador Dan Perkins, un compañero de equipo, lo eligieron los Twins de Minnesota en la segunda ronda.

—Le debo mucho a Alex —dijo Perkins—. Los reclutadores vinieron a verlo, y supongo que pensaron que yo tampoco era muy malo.

El preparador Hofman habló con la prensa sobre ambos jugadores. Dijo de Alex: "Tiene tres herramientas que podría usar en las ligas mayores ahora mismo. Tiene velocidad, fuerza de brazo y defensiva. La única pregunta que queda es si puede batear [los lanzamientos de la liga mayor]". Luego agregó: "Espero que le permitan progresar a un ritmo normal".

Ese día, más tarde, el teléfono volvió a sonar. Alguien atendió la llamada, y la persona que llamaba preguntó por Alex. Alex esperaba que fuera uno de sus amigos o tal vez otro periodista.

Pero cuando Alex oyó la voz al otro lado de la línea, quedó anonadado.

¡Era su padre!

No podía creerlo. Durante años Alex había tenido la esperanza de que algún día volvería a tener noticias de su padre, pero ahora que estaba ocurriendo, no estaba seguro de cómo se sentía. Después de todos los años en que su padre había estado lejos, "no sabía qué pensar", recordó Alex más adelante.

El padre lo felicitó, y mantuvieron una incómoda conversación durante unos pocos minutos. Entonces el padre se despidió. La llamada había traído algunos recuerdos dolorosos. Alex no sabía si alguna vez volvería a hablar con su padre. En primer lugar, ni siquiera estaba seguro de estar feliz porque lo había llamado.

Unas semanas más tarde, a Alex *USA Today* lo designó el jugador del año de las escuelas secundarias de la nación. Su representante y los Mariners empezaron en seguida las negociaciones.

Alex esperaba que las dos partes pudieran llegar a un rápido acuerdo. Estaba ansioso por empezar su carrera profesional.

Pero rápidamente se hizo evidente que los Mariners y Rodríguez estaban muy alejados. Scott Boras, su representante, creía que Alex merecía el contrato más grande que cualquier seleccionado de escuela secundaria hubiera recibido jamás, más de un millón de dólares. Los Mariners no querían pagar tanto.

Ninguna de las partes cambiaba de opinión, y los encuentros se volvieron polémicos. Poco después Boras insistió en que los Mariners se comunicaran sólo mediante faxes.

Alex sólo quería jugar, pero tampoco quería que se aprovecharan. Dijo que a menos que los Mariners reconocieran su pedido, pensaba aceptar la beca deportiva de la Universidad de Miami.

Los escritores deportivos de todo del país empezaron a escribir acerca de las negociaciones contractuales de Alex. Muy pocos se pusieron de su lado. Creían que él no tenía derecho a exigir tanto dinero antes de que hubiera siquiera jugado alguna vez un partido profesional. Lo llamaban "egoísta" y "arrogante". Alex se moría de vergüenza cada vez que leía en los periódicos otra historia sobre él.

Todo lo que quería hacer era jugar al béisbol, pero hasta que no firmara un contrato, no tenía permiso para jugar para uno de los clubes semilleros de los Mariners. Pero todavía podía jugar al béisbol amateur.

Pero hasta eso se transformó en un problema. Se invitó a Alex para que se probara para el equipo mayor de *Team USA*, el equipo del que salen muchos de los miembros del equipo olímpico de Estados Unidos. Alex esperaba jugar en las Olimpiadas.

Pero uno de los patrocinadores del equipo, una compañía de tarjetas de béisbol, planeaba hacer una serie de tarjetas de béisbol con la imagen de todos los jugadores. La compañía no quería pagar nada a los jugadores.

El representante de Alex rechazó la propuesta de *Team USA*. Sabía que la primera tarjeta de béisbol que tuviera la imagen de Alex podría valer, algún día, mucho dinero. No creía que fuera justo para Alex ceder sus derechos. Cuando la compañía no se echó para atrás, a Alex se le impidió probarse.

Estaba abatido, pero a pesar de todo encontró una oportunidad para jugar. Todos los años, el

Comité Olímpico de Estados Unidos realiza un Festival Olímpico con el fin de preparar a los atletas jóvenes para la competencia internacional. En béisbol, se crean equipos que representen a distintas regiones del país. Luego, como parte del festival, juegan unos contra otros en un torneo.

Alex se unió al equipo del sur y viajó al torneo en San Antonio, Texas. Estaba feliz de estar jugando al béisbol otra vez.

Pero hacia finales de julio, apenas unos días después del decimoctavo cumpleaños de Alex, su carrera casi se terminó aun antes de empezar. En un partido del torneo, cuando Alex estaba sentado en el banco, un tiro errado voló al foso. Alex nunca lo vio venir, y la bola le golpeó un lado de la cara.

Inmediatamente cayó en el banco, sosteniéndose la cabeza. Sus compañeros de equipo y los preparadores lo rodearon. Después de unos instantes de miedo, se pudo parar y lo llevaron al hospital.

Alex tuvo mucha suerte. Aunque la bola le había fracturado el pómulo, no le había dañado el ojo. Estaría dolorido e inflamado durante unas pocas semanas, pero la bola no había hecho un daño duradero.

Tanto Alex como los Mariners respiraron aliviados. Entonces empezaron a negociar otra vez.

Pero el tiempo se acababa. Una vez que Alex empezara a ir a clases en la Universidad de Miami, vencerían los derechos de los Mariners para contratarlo. El año escolar estaba casi listo para empezar, pero Alex postergó su inscripción en las clases, esperando que las dos partes llegaran finalmente a un acuerdo.

Por último, unas horas antes de que estuviera programado el comienzo de la primera clase, los Mariners y el representante de Alex llegaron a un acuerdo. Los Mariners acordaron pagarle, en un arreglo sin precedentes, 1.3 millones de dólares. En la mesa de la cocina de la casa materna, con la familia y el representante a su lado, con varios directivos de los Mariners, entre ellos Chuck Armstrong, el presidente del club, Alex puso su firma en el contrato con calma y confianza. Mientras la madre se secaba las lágrimas de la cara, Alex mostraba una sonrisa cansada.

Era un beisbolista profesional. Por fin.

Capítulo seis:
1993

Integrante de la liga menor por un minuto

A Alex no le cabía en la cabeza el monto de su contrato. Pero no perdió de vista lo que era importante.

Inmediatamente después de firmar el contrato, pidió hablar en privado con Chuck Armstrong, el presidente del club. Lo primero que hizo fue disculparse por cualquier resentimiento que pudiera haber surgido durante las duras negociaciones. Era sólo cosa de negocios. Le aseguró a Armstrong que estaba feliz de ser un jugador de los Mariners y pensaba dar lo mejor de sí.

Muchos jóvenes que hubieran firmado un contrato como el de Alex podrían haber dejado que el dinero se les subiera a la cabeza, pero ése no era el estilo de Alex. Con la ayuda de su representante, la familia estableció un plan de inversión y le organizó a Alex un presupuesto estricto. Todos los meses recibiría $500 en efectivo y un complemento de $500 en una tarjeta de crédito. En ese momento Alex no lo sabía, ¡pero era aún menos que el salario mínimo de la liga menor!

Sólo hizo una compra especial. Se le permitió comprar un auto nuevo, un jeep negro y dorado. También pensaba comprar un lindo regalo de cumpleaños para su madre. Sabía que sin su apoyo nunca se habría transformado en el jugador o la persona que era.

Pudo darle el regalo más grande de todos. El gran contrato de Alex le permitió a su madre jubilarse. Canceló la hipoteca de la casa y le compró a su madre un Mercedes-Benz nuevo. —Mi madre es la historia completa de mi vida —dijo una vez—. Es toda mi inspiración. Merece todo. Ha hecho tanto por mí.

Esto hizo que la madre de Alex se sintiera muy orgullosa. A ella no le importaba si él lograba o no un batazo bueno, pero cuando veía cómo se comportaba, o alguien le contaba que su hijo era amable y respetuoso, sonreía con orgullo.

Si Rodríguez hubiera firmado con los Mariners a principios de ese verano, ese equipo lo habría enviado a uno de sus equipos de la liga menor. Pero cuando Alex firmó, la temporada de la liga menor estaba por terminar.

Por suerte, en octubre las ligas mayores patrocinan lo que se conoce como "ligas de instrucción". En una liga de instrucción, los jugadores veteranos practican habilidades nuevas o tratan de poner a punto su talento, mientras que los jugadores jóvenes obtienen una experiencia valiosa en un ambiente tranquilo. Practican todas las mañanas y juegan partidos por la tarde. El marcador final no importa. Todos están sólo tratando de mejorar.

Los Mariners enviaron a Alex a jugar en la liga de instrucción de Peoria, Arizona. Eso dio a los Mariner la oportunidad de enseñar a Alex a jugar béisbol profesional y de evaluar su progreso.

A cargo del equipo estaba John McNamara, que se había desempeñado en el béisbol profesional durante cuarenta y cinco años. Había sido un gran director técnico de liga para Cincinnati, Boston y California.

Había oído hablar de Rodríguez pero nunca lo había visto jugar. No esperaba demasiado. Aun el prospecto más promocionado está, por lo general, a años luz de ser lo bastante bueno para jugar en las ligas mayores a edad tan temprana.

Pero Alex causó una impresión inmediata en el director técnico. Durante el primer partido, contuvo cinco hits de los bateadores con su fabuloso fildeo.

—No se podía pedir a un jardinero corto un partido mejor. —dijo McNamara más tarde—. El muchacho parece maduro y juega como tal. Está lleno de talento, tiene todas las herramientas de las que han estado hablando.

Alex pasaba horas trabajando con el entrenador de bateo Tommy Cruz, perfeccionando su forma de abanicar. Como lo explicó Cruz, Alex no cometía ningún error, pero tenía que "acostumbrarse otra vez a las cosas difíciles". En la escuela secundaria sencillamente no había visto demasiadas bolas rápidas. Los lanzadores habían tenido miedo de lanzarlas.

Rodríguez tenía también que aprender a batear con una clase nueva de bate. Los jugadores de la escuela secundaria usan bates de aluminio. Pero en béisbol profesional, los jugadores deben usar bates de madera. Tienen un "centro de masa", el mejor lugar para que el bate golpee la bola, mucho más pequeño que los bates de aluminio y el margen de error es menor. Muchos jugadores tienen dificultades para adaptarse, pero Rodríguez lo hizo rápidamente.

Rodríguez impresionó aún más a los Mariners con su forma de relacionarse con los compañeros de equipo. A pesar de ser el elegido número uno y millonario instantáneo, Alex no adoptó una postura. Se integró y sus compañeros de equipo lo apreciaban. —Es un muchacho que tiene los pies en la tierra —dijo su compañero de equipo Andy Sheets—. Se mata trabajando como todos los demás. Cuando una compañía de productos deportivos envió a Alex una enorme cantidad de equipo, entregó la mayor parte a sus compañeros. —Los muchachos los necesitaban, y yo tenía un montón —explicó.

Cuando terminó la liga de instrucción, Alex volvió a casa durante unos meses y esperó para ver dónde lo enviarían los Mariners a empezar su carrera en la liga menor. Algunos de los preparadores y los reclutadores de la organización ya comentaban que estaba cerca de las grandes ligas. De hecho, de acuerdo con el contrato, los Mariners debían pasarlo a las ligas mayores en septiembre de 1994. No tenían que hacerlo jugar, pero tendrían que llamarlo. Alex quería tener un desempeño tan bueno que le permitiera obtener una oportunidad para jugar.

A fines de febrero, Alex viajó a Arizona, al centro de entrenamiento de primavera de los Mariners. Después de unos pocos días de entrenamiento con el equipo de la liga mayor, lo asignaron al campamento de la liga menor. De todos modos, Lou Piniella, el director técnico de los Mariners había quedado admirado con lo que había visto. Dijo a la prensa que una vez que Rodríguez llegara a las ligas mayores, esperaba que se quedara.

Al final del campamento, a Rodríguez lo asignaron al equipo clase A de los Mariners, los Foxes de Appleton (Wisconsin), de la Liga del Medio Oeste. Las ligas menores se dividen en varias clasificaciones. La más baja es la Liga Rookie, le sigue la clase A, la doble A y la triple A. Los Mariners confiaban en que Alex era lo bastante bueno para pasar por alto la liga Rookie e ir directamente a la A.

La vida en la liga menor fue realmente un ajuste para el joven Rodríguez. En la liga de instrucción y en el campo de entrenamiento, había estado en un dormitorio con el resto de los jugadores. Pero en Appleton, tenía que encontrar un lugar donde vivir. Ahora que le pagaban como a un adulto, se esperaba que viviera y actuara como tal.

Alex se mudó a un apartamento que compartió con su compañero de equipo Alex Sutherland y la esposa. No quería estar solo, y le gustaba compartir la vivienda con un jugador casado. Algunas chicas desconocidas ya empezaban a acercársele, atraídas por el dinero que tenía, tanto como por lo guapo que era. Y algunos integrantes de las ligas menores, que vivían solos por primera vez, pasaban mucho tiempo libre en fiestas. Alex no estaba interesado en esas cosas. Estaba concentrado en jugar béisbol. Vivir con un matrimonio lo ayudaba a mantener al mínimo sus distracciones.

Pero ese no fue el único ajuste que Alex tuvo que hacer. Los campos de juego de la mayoría de las ciudades de la Liga del Medio Oeste eran pésimos, mucho peores que aquel en que Alex había jugado en Westminster. Entre cada ciudad había un largo recorrido en autobús, y Alex tuvo que acostumbrarse a jugar todos los días. Muchos jugadores de las ligas menores, aun aquellos seleccionados en la primera ronda, nunca se adaptaban satisfactoriamente a la vida de la liga menor ni alcanzaban todo su potencial. Alex estaba decidido a triunfar.

No le llevó demasiado tiempo aprender una importante lección. El béisbol profesional era muy diferente de aquel que había jugado desde siempre.

Durante la primera semana de la temporada, bateó su primer jonrón profesional contra los Sultans de Springfield. Fue un tiro elevado, una de las bolas más largas que Alex hubiera bateado en ese entonces, que se desplazó unos 440 pies.

Inmediatamente después de abanicar, Alex supo que había bateado bien la bola. Saboreó el momento y se quedó en el plato mientras admiraba el batazo. Luego tiró su bate al aire y trotó lentamente alrededor de las bases.

El director técnico del otro equipo estaba furioso. Acusó a Rodríguez de hacer quedar mal a su lanzador. Rodríguez no lo sabía, pero en el béisbol profesional, mirar un jonrón y trotar lentamente alrededor de las bases está considerado como de poco espíritu deportivo.

Rodríguez estaba desconcertado. Cuando llegó al banco, Carlos Lezcano, su propio director técnico, no dijo nada. Alex todavía no estaba seguro de haber hecho algo mal o no.

Al día siguiente, lo averiguó rápidamente. En su primera vez al bate, el lanzador de los Sultans lo golpeó a propósito en las costillas con el primer lanzamiento. El árbitro expulsó al lanzador, pero sus compañeros de equipo y hasta el director técnico lo felicitaron cuando se retiraba del montículo.

Rodríguez trotó a la primera base. Le preguntó al entrenador de primera: —¿Fue a propósito?

—Por supuesto —le respondió bruscamente el preparador. La bola en sus costillas fue en represalia por la forma en que Rodríguez se había comportado después del jonrón. Rodríguez comprendió que le acababan de enseñar una valiosa lección.

Entonces el director técnico Lezcano le habló acerca del incidente. Dijo a Rodríguez que, debido a su gran contrato, todos iban a estar siguiéndolo de cerca. Los adversarios se la tendrían siempre jurada. Tenía que asegurarse de sobra de que no daba a los seguidores o a los adversarios la impresión de que pensaba que era mejor que los demás. Tenía que respetar el deporte.

Alex aprendió rápidamente. Unas semanas después Lezcano hizo un comentario sobre el tema. —Ahora, cuando batea un jonrón —dijo riendo— sale casi corriendo a toda velocidad. Tengo que hacer que afloje el paso.

No obstante, Rodríguez arrancó lentamente. Durante las primeras semanas de la temporada, su promedio de bateo fue de apenas .280, y había bateado sólo un jonrón. La mayoría de los jugadores habrían estado encantados de batear un promedio de .280, pero Rodríguez esperaba más de sí mismo. Empezó a dudar de sus propias habilidades.

Se sentía frustrado. —Llamé a mi madre —admitió más tarde— y le dije que quería volver a casa. Lourdes Rodríguez supo exactamente qué decirle. —No te quiero en casa con esa actitud —le dijo—. Sal y juega con ganas.

Rodríguez aceptó su consejo. En pocas semanas había elevado su promedio por encima de .300 y había pegado algunos jonrones. Llamó otra vez a su madre.

—Así está mejor —le dijo ella—. Ahora, incluso, puedes llamarme a cobro revertido.

El único problema que tenía Rodríguez era llegar a tiempo. Se suponía que tenía que estar en el estadio de béisbol alrededor de las 3:30 p.m., todos los días, para hacer elongación obligatoria y práctica previa al partido. Rodríguez apenas si llegaba a tiempo, a menudo trotando hasta el campo de juego exactamente a las 3:30, todavía metiéndose la camiseta del uniforme por dentro de los pantalones. Lezcano, que estaba en contacto permanente con la madre de Alex para evitar que se preocupara, le mencionó un día el problema.

Una vez más, la madre de Rodríguez supo exactamente qué decir a su hijo. Al día siguiente, Lezcano recordó después, "estuvo ahí a las 2:30 p. m., una hora antes de que hiciéramos elongaciones".

Pronto fue Alex Rodríguez quien estaba dando las lecciones, enseñándoles a los adversarios que era un jugador muy especial. Se dieron cuenta de que podía batear casi cualquier lanzamiento, y que recogía los roletazos con la eficiencia de una aspiradora. También se dieron cuenta de que podía robar una base cuando quería. Durante un período de dos semanas, a principios de mayo, tuvo un promedio de bateo de .455, 20 de 44 veces, con 10 increíbles jonrones. También era terco, ya que siguió jugando aun después de romperse la nariz.

Sus compañeros de equipo estaban asombrados. —Ha hecho cosas [en el campo de juego] que nunca antes había visto —dijo uno de ellos. —Parece tener un nivel superior al de todos los demás —dijo otro. Los Mariners planeaban dejar que Rodríguez se desarrollara a su propio ritmo. Muchos prospectos que avanzan demasiado rápido en las ligas menores se encuentran de pronto en dificultades. Se frustran, pierden confianza y nunca llegan a desarrollar todo su potencial. —Éste no es el año para apresurarlo —dijo el ex jugador de la liga mayor Jim Beattie, director de desarrollo de jugadores de los Mariners—. Estamos felices de tenerlo en Appleton. No lo vamos a ayudar si lo apuramos.

Pero el juego estelar de Rodríguez pronto los obligó a actuar. Después de apenas unos meses en Appleton, los Mariners empezaron a preocuparse porque, si no lo promovían, estarían frenando su progreso. El béisbol de la clase A era demasiado fácil para Rodríguez. Aun cuando era uno de los jugadores más jóvenes de la liga, jugaba como un hombre entre niños. En sólo 65 partidos, ya había bateado 15 jonrones y producido 55 carreras. Su promedio de bateo estaba muy por encima de .300.

Así que a mitad de temporada lo subieron de categoría, enviándolo al equipo doble A de la Liga del Sur, en Jacksonville (Florida). En el béisbol doble A, la mayoría de los jugadores ya tienen tres o cuatro años de experiencia en la liga menor, y tienen 22 o 23 años de edad. A la mayoría de los jugadores se les considera prospectos con buenas posibilidades de ascender a las ligas mayores.

Para muchos jugadores profesionales jóvenes, el salto del béisbol de clase A al de clase doble A es enorme. Cada lanzador tiene dos o tres lanzamientos que pueden hacer para ponchar. Los jugadores que han sido estrellas en el béisbol de clase A necesitan a menudo uno o dos años para adaptarse a la clase doble A, si es que llegan a adaptarse por completo.

Pero Rodríguez era especial. En su primera vez al bate en la clase doble A, conectó un jonrón. A los lanzadores de clase doble A les resultó tan difícil eliminarlo como a los de clase A. Y Rodríguez siguió interceptando, corriendo y tirando como un jugador de la liga mayor.

Los Mariners estaban sorprendidos. Sabían que Rodríguez era bueno, y esperaban que triunfara, pero estaban asombrados con su ritmo de progreso. Alex no lo sabía, pero en Seattle había alguien que creía que estaba preparado para dar el paso siguiente.

Capítulo siete:
1994

El jugador de los Mariner

Desde su incorporación a la Liga Americana como equipo de expansión en 1977, los Mariners de Seattle habían sido los últimos en la clasificación de la división oeste. Aunque el equipo había desarrollado algunos jugadores buenos y, en ocasiones, coqueteaba con una temporada de .500 de promedio, generalmente tenían que luchar para no quedar en el último lugar.

Pero bajo el control del nuevo director técnico Lou Piniella, quien asumió el cargo en 1993, había razones en Seattle para ser optimista. Piniella había disfrutado de una larga carrera en las ligas mayores y había sido un jardinero exterior valioso para los campeones del mundo de 1977 y 1978, los Yankees de Nueva York. Luego de su retiro, había tenido a cargo tanto a los Yankees como a los Reds de

Cincinnati, con quienes había ganado la Serie Mundial de 1990. El bravo director técnico tenía una bien merecida reputación como juez astuto para reconocer el talento y había demostrado tener habilidad para obtener lo máximo de sus jugadores.

Ése había sido el caso de Seattle en 1993. Con un núcleo de talentosas estrellas jóvenes, como el lanzador Randy Johnson, el jugador de primera base Tino Martínez y los jardineros exteriores Jay Buhner y Ken Griffey Jr., los Mariners habían dejado estupefacto al mundo del béisbol, desafiando el título de la división oeste antes de terminar en cuarto lugar, a sólo doce partidos del primero. En 1994 todos esperaban que los Mariners mejoraran. Algunos esperaban que ganasen el título de la división.

Pero durante la primera mitad de la temporada de 1994, a los Mariners no les fue demasiado bien. Aparte de Randy Johnson, sus lanzamientos se vinieron a pique. Aunque los Mariners bateaban la bola tan bien como cualquier equipo de la liga, les resultaba difícil ganar y tenían dificultades para alcanzar el promedio de .500.

En la mayoría de las temporadas, ya habrían estado mirando hacia el año siguiente, pero en

1994 todos los equipos de la división oeste tenían problemas. A pesar de su pobre actuación, los Mariners estaban a apenas pocos partidos del primer lugar y todavía tenían oportunidad de ganar la división.

El director técnico Piniella sabía que el equipo tenía que hacer todo lo posible para tratar de llegar a las series finales de la liga. Todos los días recibía informes de cada integrante de la liga menor del sistema de los Mariners, y todos los días veía lo bien que estaba jugando Rodríguez.

Cuando había visto jugar a Rodríguez durante el entrenamiento de primavera, creyó que ya podía jugar como jardinero corto en el nivel de la liga mayor. Su madurez y su forma de comportarse también habían impactado a Piniella, quien más adelante dijo: "Las vibraciones de los jugadores jóvenes se perciben. El muchacho asustado se sienta al final del banco. Esta primavera, cada vez que me disponía a hacer reemplazos, Alex siempre estaba muy visible. Tomaba el bate o su guante. A su modo, me estaba diciendo que estaba preparado". Ahora, basado en la actuación de Rodríguez en la liga menor, Piniella consideraba que estaba listo para enfrentar los lanzamientos de las grandes ligas.

Los Mariners precisaban una chispa, y Piniella creía que Alex Rodríguez podía brindarla. Félix Fermín, el jardinero corto titular, venía haciendo un promedio de bateo de .300, y aunque era un buen jardinero, no tenía mucho alcance como jardinero corto. Y el jugador de segunda base había sido un problema para el equipo durante todo el año. Piniella había probado sin éxito a varios jugadores en esa posición. Aquellos que sabían batear no sabían defender, y los que sabían interceptar no sabían batear. Piniella quería traer a Rodríguez a las grandes ligas para que jugara como jardinero corto y pasar a Fermín a la segunda base.

El directorio de los Mariners se resistía al cambio. Aunque Ken Griffey Jr. había saltado a las ligas mayores a los diecinueve años, se le consideraba una rareza. Muy pocos jugadores están listos para jugar en las ligas mayores a tan temprana edad. Griffey tenía la ventaja de haber crecido en una familia de beisbolistas. Su padre, Ken Sr., había jugado en las grandes ligas. A Ken Griffey Jr. no lo habían intimidado las ligas mayores.

Y tenía diecinueve años. Rodríguez todavía tenía dieciocho. Durante más o menos los veinte años anteriores solamente un puñado de jóvenes de dieciocho años había jugado en las ligas mayores. La mayoría no había tenido éxito, al menos, no inmediatamente.

Piniella pasó varios días discutiendo con el directorio de los Mariners acerca de su pedido de llevar a Rodríguez a las ligas mayores. Incluso el director técnico de Rodríguez en Jacksonville le dijo al directorio que no creía que el jardinero corto estuviera listo.

Pero Piniella no se rendiría. A regañadientes, el directorio estuvo de acuerdo en llevar a Rodríguez a las ligas mayores.

Su director técnico le comunicó la noticia en Jacksonville el 6 de julio de 1994. Al día siguiente, volaría a Boston y se encontraría con los Mariners, que estaban jugando contra los Red Sox.

Rodríguez no podía creerlo. Estaba feliz, pero también tenía temor. Apenas catorce meses antes había estado jugando béisbol de escuela secundaria. Ahora, iba hacia las ligas mayores.

Llamó a su casa y habló primero con su hermana para darle la buena noticia. Al final de la conversación, le pidió que rezara por él. Cuando sus compañeros de equipo de Jacksonville supieron que a Rodríguez lo habían ascendido, se pusieron contentos por él, pero aun así Rodríguez no estaba seguro. Les dijo que creía que los Mariners estaban "locos".

Luego se entusiasmó. Empezó a llamar a todos sus amigos y a contarles la noticia. Se aseguró de llamar también al preparador Hofman. Todos le dijeron que le tenían confianza y que creían que le iría muy bien.

Al final de ese día, su madre voló de Miami a Jacksonville para despedirlo. Cuando llegó a Jacksonville, ayudó a su hijo a empacar. Madre e hijo pasaron la mayor parte de la noche hablando. Alex estaba tan entusiasmado, que apenas durmió. La señora Rodríguez no durmió para nada.

Al día siguiente, a las 6 a. m., llevó a su hijo al aeropuerto para tomar el vuelo. Él entregó el equipaje y cuando llamaron para abordar el vuelo, se paró delante de su madre. Le dio un gran abrazo y murmuró: "Te amo muchísimo".

La madre trató de no llorar. Como dijera más adelante: "Soy su madre y su padre. Quería llorar, pero no podía demostrarle que estaba preocupada ni asustada. Soy el tronco de la familia. El tronco no puede caer, sino las ramas caerán con él".

Le dijo adiós a su hijo y lo miró mientras se alejaba y abordaba el avión. Luego, sí lloró. Pocas horas después, siguió a su hijo a Boston. No podía perderse su primer partido.

Cuando Alex llegó a Boston, tomó un taxi y se reunió con el equipo en el hotel, luego, por la tarde, los acompañó al Fenway Park. Al entrar en el antiguo estadio de béisbol, apenas podía creer dónde estaba. Algunos de los jugadores más grandes del béisbol, como las estrellas de los Red Sox, Babe Ruth y Ted Williams, habían empezado su carrera en las ligas mayores en el Fenway Park. Y ahora, era el turno de Alex Rodríguez.

Se encontró con algunos de sus compañeros de equipo, de quienes recibió algunas bromas inocentes acerca de su edad. El director técnico Lou Piniella no perdió el tiempo. Cuando Rodríguez entró al vestuario del club visitante, vio que Piniella lo había anotado en la primera línea.

Ken Griffey Jr. fue el primer jugador de los Mariner que lo saludó en el vestuario. Dirigió a Rodríguez al armario de la derecha junto al suyo. Sabía muy bien cómo se sentía Rodríguez. Cinco años antes, a los diecinueve años, había estado en el mismo lugar.

No obstante, eso no le impidió hacer bromas a su joven compañero de equipo. Le dio algunos cupones para un restaurante de comida rápida.

—Estás ganando un millón trescientos mil —le dijo bromeando—. Cuando te envíen de vuelta a las menores, lleva a los muchachos a comer allí. Luego sonrió.

Pocos minutos después uno de sus compañeros de equipo, el veterano relevista Rich Gossage, conocido como Goose, se acercó a Rodríguez y se presentó. Los dos conversaron unos minutos, y Rodríguez mencionó que a principios de ese año había jugado en Appleton, Wisconsin.

Gossage asintió y dijo: —Yo también jugué en Appleton.

Alex se reanimó. —¿Sí? —le dijo, entusiasmado—. ¿Cuándo? ¿En 1988?

Gossage miró a Rodríguez un instante, y lentamente una sonrisa se dibujó en su cara.

—Oh, no —dijo—. Mil novecientos setenta y uno. Los ojos de Rodríguez se abrieron completamente y quedó boquiabierto.

—Uy —dijo—, yo nací en 1975.

De hecho, Gossage acababa de cumplir cuarenta y tres años. Había estado en las ligas mayores desde 1972, ¡tres años antes de que Rodríguez hubiera nacido!

Antes del partido, el director técnico Piniella se reunió con la prensa local. Le preguntaron si Rodríguez estaba preparado.

Piniella se hizo responsable de la transferencia. —Si no resulta, es a mí a quien criticarán. Este equipo ha tenido dificultades, de modo que ¿por qué no dejarlo jugar? —dijo—. De todos modos, íbamos a transferirlo el año que viene, y seis o siete semanas de juego en la doble A no iban a hacer una gran diferencia.

Rodríguez se sentía cada vez más confiado. —Sé que estoy listo —dijo.

Para el partido del viernes por la noche, el Fenway Park estaba atestado. A pesar de su confianza, cuando Rodríguez ocupó su lugar como jardinero corto antes de que empezara el partido, sentía mariposas en el estómago. Nunca antes en su vida había jugado al béisbol ante tanta gente. Como dijera más adelante: —Es divertido, porque el año pasado habría pagado cualquier cosa por ver un partido de la liga mayor. Y este año estoy jugando en uno.

Entonces Goose de camino al calentadero captó la mirada de Rodríguez y dijo: —¿Estás nervioso, muchacho?

Como Rodríguez balbuceó al responder, el viejo lanzador de pelo gris le hizo un gran guiño y sonrió. Saber que Gossage ya lo consideraba parte del equipo, hizo que Rodríguez se sintiera mucho mejor.

El primer partido de Rodríguez resultó memorable. Las primeras entradas pasaron volando, ya que se fue en blanco en sus dos primeras veces al bate y no le llegó ningún batazo bueno. Pero en la quinta entrada, tuvo su oportunidad al interceptar una roleta de rutina, tirársela a Fermín y lograr un eliminado en la segunda base.

Luego fue al bate Tim Naehring, del equipo de Boston. Bateó con fuerza un roletazo hacia el lado izquierdo.

Rodríguez reaccionó. Voló lejos hacia la derecha, a lo que se conoce como la "brecha" entre el jardinero corto y el jugador de tercera base, hizo un atrape cruzado, se reubicó e hizo un tiro largo a través del diamante.

—¡Eliminado! —apreció el árbitro. Su tiro superó al corredor por medio paso y le hizo ganar una hermosa ronda de aplausos de la multitud. Incluso los jardineros cortos veteranos algunas veces tienen dificultad con esa jugada, pero Rodríguez había estado impecable.

En la siguiente entrada, Rodríguez presenció una jugada que había tenido lugar sólo nueve veces en la historia del béisbol. Sin hombres fuera y con corredores en la primera y segunda base, Marc Newfield, bateador de Seattle, dio un batazo en línea al centro. John Valentin, jardinero corto de Boston, paró la pelota en el aire, pisó la segunda base para hacerle una doble al corredor y luego tocó al corredor en el trayecto de primera a segunda.

El árbitro de la segunda base movió el brazo tres veces. —¡Eliminado! ¡Eliminado! ¡Eliminado! —fue su apreciación.

La multitud se quedó atónita, luego empezó a ovacionar. La entrada terminó. Valentín había hecho una jugada triple sin ayuda, ¡la más rara del béisbol!

El equipo de Seattle perdió por 4 a 3, pero Rodríguez la había pasado muy bien. —¡Fue un gran partido! —dijo—. Excepto porque perdimos, me divertí.

Pero nadie estaba más entusiasmada que la madre de Rodríguez. —Fue increíble —dijo más tarde—. Me preguntaba todo el tiempo si estaba soñando. Por fin su hijo era un jugador de la liga mayor.

En su segundo partido Rodríguez estuvo más tranquilo. Hizo otra magnífica jugada de fildeo, pero en la cuarta entrada llegó al bate esperando todavía poder hacer su primer batazo bueno en la liga mayor.

El lanzador Sergio Valdéz le hizo un lanzamiento cerrado, pero aun así Rodríguez se las arregló para batear la bola y convertir el tiro en un roletazo hacia la brecha. El jugador de tercera base Scott Cooper se estiró e interceptó la bola, se preparó y tiró a primera. La mayoría de los jugadores de las ligas mayores habrían quedado eliminados.

Pero Rodríguez no era como la mayoría de los jugadores de las ligas mayores. Corrió con toda la velocidad que las piernas le permitían y atravesó la almohadilla como una ráfaga, justo delante del tiro.

—¡Quieto! —¡Fue un hit! Siguiendo la tradición del béisbol, el jugador de primera base de Boston le tiró la bola al preparador de primera base de Seattle, de modo que Rodríguez pudiera tener un recuerdo de su primer batazo bueno en la liga mayor.

En el siguiente lanzamiento, el preparador de tercera base de los Mariners hizo a Rodríguez la seña de robar. Observó detenidamente al lanzador, y en cuanto este empezó a lanzar al plato, Rodríguez corrió.

Se deslizó, metiéndose en la segunda base. —¡Quieto! —¡Base robada!

En la octava entrada, Rodríguez fue al bate nuevamente contra Scott Bankhead. Esta vez, descosió la bola a través de la brecha con un incogible. El equipo de Seattle se impuso 7 a 4. Rodríguez iba por buen camino.

Por supuesto, no jugaba de manera excelente todos los días. Ningún jugador de la liga mayor lo hace. Al día siguiente, se ponchó tres veces y cometió un error. Pero Rodríguez se lo tomó con calma. —Todos los jugadores jóvenes tienen días como ése —dijo—. Soy un jugador joven típico. Espero que no haya demasiados tan difíciles.

Mientras era claro que todavía estaba aprendiendo, no se sentía vencido o intimidado de pertenecer a las grandes ligas. Los Mariners estaban satisfechos con su progreso. Su fildeo era bueno y, aunque no estaba bateando con potencia, tenía un buen desempeño con el bate y lograba algunos hits.

Pero durante toda la temporada, una nube oscura se había cernido sobre el béisbol de las grandes ligas. En agosto, estalló. El contrato entre los jugadores y los propietarios había caducado, y las dos partes no habían podido llegar a un nuevo acuerdo. Los propietarios, en un intento de forzar un acuerdo, anunciaron planes de cerrar la temporada el 11 de agosto. Todo jugador que hiciera parte de la liga mayor en ese momento quedaba inhabilitado para seguir jugando, incluso en las ligas menores, hasta que se alcanzara un acuerdo.

Los Mariners no querían que un jugador joven como Rodríguez tuviera que quedarse sin jugar. Necesitaba continuar practicando. Sabían que todo lo que necesitaba para ser una estrella era experiencia.

De modo que el 2 de agosto, justo antes de que se cerrara la temporada los Mariners enviaron a Rodríguez de vuelta a las ligas menores, esta vez a su equipo clase triple A de Calgary en Alberta, Canadá. Alex se sintió decepcionado, pero comprendió. Él tampoco quería quedarse sin jugar. Quería jugar al béisbol.

Finalmente, el resto de la temporada de la liga mayor, incluida la Serie Mundial, se canceló.

Rodríguez terminó la temporada en Calgary, donde su progreso continuó. Los lanzadores de categoría triple A, aunque a menudo no se les considera grandes prospectos, generalmente tienen mucha más experiencia que aquellos de categoría doble A. Rodríguez pudo practicar bastante bateo de pelotas curvas y de distintos tipos de lanzamientos con cambios de velocidad, aquellos que, por lo común, son los que más problemas traen a los jugadores jóvenes. Logró un promedio de bateo de más de .300 para Calgary y una vez más empezó a batear con potencia.

La temporada de 1994 había resultado para Rodríguez una experiencia de aprendizaje. Alex estaba decidido a seguir avanzando.

Capítulo ocho:
1995

Problemas menores, sueños mayores

Después de que terminó la temporada, Rodríguez volvió a su casa para descansar unas pocas semanas. Había sido un año muy activo para él. Desde el comienzo del entrenamiento de primavera, no había pasado más de siete días seguidos en la misma ciudad. Durante un tiempo disfrutó de estar de nuevo en casa con su familia y sus amigos.

Pero apenas pasados unos días supo que era tiempo de volver a trabajar. Muchos de sus compañeros de equipo de la escuela secundaria estaban en la zona, de regreso en casa después de haber jugado como profesionales o de haber asistido a la universidad. Pronto Rodríguez empezó a entrenar con ellos, tanto en el Boys and Girls Club o en Westminster, donde siempre era bienvenido.

Aunque muchos beisbolistas profesionales dejaban de jugar béisbol durante el invierno y pasaban su tiempo descansando y ejercitándose para prepararse para la temporada siguiente, Alex Rodríguez sólo quería seguir jugando. Cuando los Mariners le preguntaron si quería jugar en la "liga invernal" aprovechó la oportunidad.

En las islas y naciones de clima cálido del Caribe, como Puerto Rico, Costa Rica, la República Dominicana y hasta en el país sudamericano de Venezuela, las ligas invernales profesionales empiezan a jugar poco después de que termina la temporada de la liga mayor. Los profesionales de las ligas estadounidenses mayores y menores se juntan con los jugadores locales de talento. Muchos jugadores disfrutan de volver a su país de origen para jugar ante sus compatriotas.

La liga invernal de béisbol no es como la liga de instrucción. Los jugadores toman el juego con seriedad y salen a ganar. El nivel de su talento es muy alto. Incluso las estrellas de las grandes ligas mayores juegan a menudo en las ligas invernales, como Iván *Pudge* Rodríguez, receptor de los Texas Rangers.

Alex Rodríguez volvió a la República Dominicana por primera vez desde que se había mudado de la isla cuando era un niño. Se unió al equipo Escogido.

Para Rodríguez era una gran oportunidad de mantener sus habilidades en buenas condiciones y de enfrentar mejor la competencia. Un montón de lanzadores de la Liga Dominicana tienen experiencia en la liga mayor.

También le daba la oportunidad de hablar español todo el tiempo, de aprender más acerca de la vida y la cultura de su país, y de volver a conectarse con sus raíces. ¡Había estado viviendo en Estados Unidos por tanto tiempo que los otros latinos le hacían bromas por su acento y por su forma de hablar!

A Rodríguez le sorprendió el alto nivel de competencia. Pasó malos momentos e hizo un promedio de sólo .179. —Estaba dominado y en realidad mi mente no estaba puesta ahí —admitió más adelante—. Creo que me despertó un poco. Se lo recomiendo a todos los jugadores jóvenes.

En febrero, cuando Rodríguez volvió a Estados Unidos para el comienzo del entrenamiento de primavera, el béisbol de la liga mayor todavía seguía con problemas. Los propietarios no habían llegado a un acuerdo con los jugadores, y a éstos todavía no se les había autorizado a jugar.

El béisbol de la liga mayor hacía planes para abrir la temporada con jugadores sustitutos, la mayoría de ellos con carrera como integrantes de la ligas menores, que harían cualquier cosa con tal de tener una oportunidad de jugar en las ligas mayores.

Pero no se esperaba que los prospectos como Rodríguez reemplazaran a los integrantes de las ligas mayores. Todos sabían que algún día la huelga se levantaría, y el sindicato de jugadores de la liga mayor advirtió a los integrantes de las ligas menores que no participaran. Si lo hacían, no serían invitados luego a asociarse al sindicato. Eso podía afectarles la carrera.

Rodríguez entrenó en el campo de la liga menor de los Mariners con sus equipos clase triple A, a los que fuera de la temporada se les había transferido de Calgari a Tacoma, Washington. Aunque algunos habían especulado con que él sería el jardinero de los Mariners en 1995, dados los problemas laborales que había en el béisbol, ese proyecto quedó en suspenso.

El plan de usar jugadores sustitutos resultó un desastre. No eran muy buenos, y todos lo sabían. Al final, justo cuando se suponía que empezara la temporada, los jugadores y el sindicato acordaron recomenzar el juego bajo las condiciones del antiguo contrato. El inicio de la temporada se retrasó tres semanas, y la temporada se redujo de 162 a 144 partidos, mientras que los integrantes de las ligas mayores acortaron el entrenamiento de primavera y trataron de ponerse en forma.

La demora hizo que los Mariners cambiaran sus planes para Rodríguez. Habían negociado un jugador de segunda base, el veterano Joel Cora, y decidieron conseguir dos veteranos más como jardineros cortos, Félix Fermín y Luis Sojo. Aunque creían que pronto Rodríguez se convertiría en su jardinero corto, decidieron que empezara la temporada con el equipo de Tacoma. Esa ciudad quedaba a pocos cientos de millas de Seattle, en caso de que decidieran traerlo a las ligas mayores.

Eso fue justamente lo que sucedió. Después de que Rodríguez jugara sólo un par de partidos con el equipo de Tacoma, los Mariners convocaron a Rodríguez en la primera semana de mayo, cuando un jugador se lesionó.

Era obvio que había mejorado. Por primera vez en las ligas mayores, empezó a lucir su potente bate.

Pero a veces todavía tenía dificultades. En las ligas menores casi nunca se ponchaba, pero en las ligas mayores lo hacía una de cada tres o cuatro veces que pasaba al bate. Como hizo notar un director técnico de la liga mayor, hasta el momento "Rodríguez no podía batear una bola con efecto ni con una gran raqueta de tenis". Abanicaba y perdía el equilibrio contra las curvas que entraban alejadas de la zona de ponche y, por lo general, fallaba. El 27 de mayo lo enviaron de vuelta al Tacoma.

Pero los Mariners seguían con problemas de jugadores lesionados, teniendo que remover a Ken Griffey, Jay Buhner y Joey Cora de la primera línea en varias ocasiones. Los Mariner llamaron a Rodríguez para que ayudara, quien en apenas diez días regresó a las grandes ligas.

El 12 de junio de 1995, Rodríguez experimentó el día más memorable en las grandes ligas hasta la fecha. Después de quedarse atrás del equipo de Kansas City 8 a 1 después de dos entradas, no parecía que los Mariners pudieran ganar.

Pero Alex logró la recuperación. Al bate contra el veterano lanzador Tom Gordon, un artista de las bolas curvas, Rodríguez se dijo a sí mismo que debía ser paciente y esperar una recta.

Cuando le llegó, no dudó.

"¡Toletazo!" Rodríguez se abalanzó sobre el lanzamiento y lo envió alto al fondo al campo exterior.

Sin embargo, esta vez no se quedó parado para admirarlo. Despegó en una carrera veloz. No fue hasta que vio la mano del árbitro dar vueltas en el aire que se atrevió a disminuir la velocidad.

¡Fue un jonrón, el primero de su carrera! Rodríguez estaba emocionado, pero no lo festejó, al menos no en seguida. Mantuvo la cabeza baja y trotó rápidamente alrededor de las bases, asegurándose de tocar cada una de ellas. No quiso hacer quedar mal al lanzador.

Pero cuando llegó al foso, no pudo evitarlo. Al chocarle las manos a sus compañeros de equipo, estalló en una inmensa sonrisa.

Más tarde, durante el partido, hizo un juego defensivo estelar. En un roletazo lanzado al medio, Rodríguez abarcó bien la zona a su izquierda.

Corriendo a toda velocidad se estiró y paró la bola, pero la velocidad lo llevaba hacia el campo exterior. Entonces, en lugar de tratar de detenerse, plantar los pies, girar y tirar a la primera base, siguió adelante.

Entonces giró 360 grados y tiró a la primera base todo en un solo movimiento.

"¡Eliminado!" Los simpatizantes de los Seattle Kingdome rugieron. Rodríguez logró una notable recuperación al empatar el partido antes de caer finalmente por 10 a 9.

El resultado desfavorable fue la única parte del partido que Rodríguez no había disfrutado.

No obstante, tres semanas después, Rodríguez se encontró de vuelta en las ligas menores.

Aceptó la asignación y continuó trabajando duro. En Tacoma tuvo muy buen desempeño, con un promedio de bateo de .350. Cada día mejoraba un poco más en el bateo de las bolas curvas. Sabía que era lo único que no le permitía acceder a las ligas mayores. Pero se sentía un poco frustrado.

Los Mariners lo llamaron y lo enviaron de vuelta una vez más antes de que finalmente lo volvieran a llamar para que se quedara en Seattle.

¡Fue una época emocionante! Los Mariners mantenían una difícil contienda por el título de la división con los California Angels y los Texas Rangers. Durante el último mes de la temporada, sólo unos pocos partidos separaban los tres equipos en las posiciones.

Participar en una carrera por el banderín era emocionante, pero *A-Rod*, como habían empezado a llamarlo sus compañeros de equipo y sus seguidores, no estaba jugando mucho. El director técnico Lou Piniella decidió encarar con experiencia la presión de la carrera por el banderín. Luis Sojo tomó el puesto de jardinero corto. A Rodríguez a menudo sólo lo ponían como sustituto de un corredor o de un bateador hacia el final del partido.

Los Mariners terminaron la temporada regular empatados con los California Angels por el título de la división. Vencieron a los Angels en una eliminatoria de un solo partido para ganar el derecho de jugar contra los New York Yankees en la primera ronda de las series finales de la liga.

Rodríguez se puso contento cuando supo que los Mariners habían decidido incluirlo en la lista de jugadores para las series finales de la liga, porque eso significaba que estaba calificado para jugar. Pero sabía que, a menos que Sojo se lesionara, probablemente pasaría en el banco la mayor parte de las series finales de la liga.

Empezaba a sentirse frustrado por participar tan poco en el juego. Hasta le dijo a su madre que hubiera preferido asistir a la universidad en lugar de haberse decidido a jugar al béisbol profesional. —No tengo más que demostrar en la clase triple A —dijo—. Me gustaría quedarme aquí (en las ligas mayores). Con suerte, el año próximo tendré una dirección.

Pero en los Mariners todos sabían que sería sólo una cuestión de tiempo que Rodríguez formara parte de la primera línea. Hasta el jardinero corto Luis Sojo admitió: —Va a empezar el año que viene. Este muchacho tiene mucho talento, es increíble. Tiene que jugar. Es como otro Ken Griffey Jr.

Tal como Rodríguez esperaba, se sentó y observó durante la primera ronda de las series finales de la liga, con una sola aparición en un partido y saliendo al bate solamente una vez. Aun así, ocupó un asiento en primera fila en una de las más emocionantes series finales de la liga en la historia reciente del béisbol.

Los Yankees y los Mariners arremetieron uno contra el otro entrada por entrada y lanzamiento por lanzamiento. Ken Griffey conectó cinco jonrones. Los Mariners ganaron las series, tres partidos a dos. Si podían vencer al equipo de

Cleveland en la Serie del Campeonato de la Liga, podrían ir a la Serie Mundial.

Pero al enfrentar a Cleveland los Mariners perdieron ímpetu y contra los Indians perdieron una serie muy reñida, cuatro partidos a dos. Nuevamente Rodríguez apareció en un sólo partido como bateador sustituto.

Cuando Alex volvió a Miami al final de la temporada se embarcó en un riguroso programa de preparación física y trabajó con un nutricionista para lograr el mejor estado de su vida. Hacía ejercicios con un entrenador personal seis días a la semana, tres horas por día. También tomó clases especiales con un especialista de los medios para que le enseñara a hablar con la prensa.

Estaba decidido a no volver jamás a estar sentado en el banco. Quería prepararse para ser una estrella.

Capítulo nueve:
1996-1997

Comienzo en la cima

Cuando Alex Rodríguez llegó al entrenamiento de primavera, parecía otra persona. Había agregado libras de músculo al cuerpo sin perder flexibilidad ni velocidad. Se dirigió al director técnico Lou Piniella y le habló en tono suave pero firme.

—Estoy listo —dijo.

Piniella lo miró a los ojos. Nunca había visto a Rodríguez tan serio.

—Sé que lo estás, hijo.

Desde el primer día del entrenamiento de primavera, Rodríguez fue el jardinero corto titular de los Mariners. No hizo nada para que el club se arrepintiera de esa decisión.

En el campo de juego era espectacular, y en el plato era como si durante el invierno hubiera ganado diez años de experiencia. Tenía mucha más paciencia en el plato y esperaba un buen lanzamiento antes de batear. Ya no abanicaba las bolas curvas afuera de la zona de strike. Y cuando abanicaba una bola curva, en lugar de tratar de batear el lanzamiento hacia su lado, lo que generalmente daba como resultado una roleta débil, lo acompañaba y mandaba batazos en línea al exterior derecho.

Rodríguez tuvo un muy buen comienzo. A una semana del comienzo llamó la atención cuando mandó un jonrón directamente al exterior central del estadio Tiger, en Detroit, a más de 440 pies de distancia. Pero sólo unas semanas después del inicio de la temporada, con un promedio de bateo de aproximadamente .300, sufrió un tirón de ligamentos en una de las corvas y debió quedarse sentado durante más de una docena de partidos.

Si alguien pensó que la lesión iba a volver más lento a Rodríguez, se equivocó. Cuando volvió a la alineación, empezó a jugar aún mejor que antes.

El director técnico Piniella estaba impresionado. Lo cambió en el orden de bateo al lugar del número dos, justo delante de Ken Griffey Jr.

Muy pronto, Junior y A-Rod se convirtieron en el dúo de bateadores más temible del béisbol. Con

Griffey al bate detrás de él, los lanzadores no querían dar base por bolas a Rodríguez, así que recibía un montón de lanzamientos buenos para batear. De hecho, daba tantos batazos buenos y amenazaba tanto con robar bases, que Griffey también recibía mejores lanzamientos para batear. Pronto los lanzadores de toda la liga empezaron a temer a los Mariners.

Hacia mediados de junio, el jugador más joven de la Liga Americana estaba entre los líderes de la liga en la mayoría de las categorías de ataque. Fue uno de los grandes motivos para que los Mariners se mantuvieran en la competencia por el banderín.

Con Griffey, A-Rod, Jay Buhner, Edgar Martínez y Tino Martínez en su alineación, los Mariners contaban con un buen arsenal. Su problema era el lanzamiento.

La estrella del lanzamiento en recta Randy Jonson se lesionó, y el resto del plantel de los Mariners era un desastre. Durante el curso de la temporada, Piniella usó a la larga un total de veintiséis lanzadores, pocos de los cuales se desempeñaron bien. Para ganar, los Mariners debían anotar un montón de carreras.

Rápidamente A-Rod se transformó en uno de los jugadores más populares del equipo. La asistencia ascendió a más de 10,000 simpatizantes por partido, ya que la gente acudía en manada a ver el poderosísimo ataque del club. Entre la multitud había muchas veces cientos de muchachas que eran grandes admiradoras de Alex Rodríguez. Apenas asomaba la cabeza fuera del foso, todas gritaban con deleite.

Sus compañeros de equipo le hacían bromas sobre su repentina popularidad. Cuando le dijo a un entrevistador que no había asistido al baile de graduación de su escuela secundaria, le llovieron miles de invitaciones a bailes de graduación de la zona de Seattle.

Rodríguez supo llevar toda esa atención como si fuera un veterano. Nada lo distraía de su deporte. Sólo se dedicaba a batear. El 25 de julio de 1996, dos días antes de cumplir veintiún años, los Mariners lo recompensaron. Rompieron su contrato y le dieron uno nuevo de diez millones de dólares por cuatro años.

Lamentablemente, los Mariners no fueron capaces de acompañar su éxito. Aunque se esforzaron muchísimo durante todo el año, terminaron segundos.

Pero Rodríguez terminó primero. Encabezó la Liga Americana en bateo con un increíble promedio de .356, la marca más alta de un bateador diestro desde que en 1939 Joe DeMaggio había logrado un promedio de .381. También encabezó la liga en carreras anotadas, total de bases y dobles junto con 36 jonrones y 123 RBI. Para la mayoría de los jugadores, eso habría sido el tope da su carrera. Pero para Alex Rodríguez fue sólo el comienzo.

Su potencial parecía ilimitado. A los veintiún años, era el tercer campeón de bateo más joven de la historia de la Liga Americana. Sólo Al Kaline y Ty Cobb habían sido menores que él. Con el tiempo, ambos ingresaron al Salón de la Fama.

Rodríguez tenía ganas de descansar durante el receso de temporada, pero le pidieron que fuera a Japón con un equipo de estrellas de la liga mayor para jugar una serie de exhibiciones. Al principio, Rodríguez no quería ir. Luego se enteró de que Cal Ripken era también integrante del equipo. Enseguida aceptó ir.

Aun cuando él mismo estaba en las ligas mayores, Rodríguez seguía siendo un gran admirador de Ripken. A medida que el equipo recorría

Japón, se hizo buen amigo de Ripken y le pedía consejo sobre asuntos tanto del campo de juego como de fuera de él. Tal como dijera más adelante: —Ripken fue todo lo que esperaba que fuese. Todos los días pasábamos momentos juntos. Aprendí mucho, no sólo acerca del béisbol, sino acerca de la vida. Lo que aprendí de Cal es a respetar el deporte, a respetar a los aficionados. Nada del otro mundo. Sólo hacer mi trabajo.

Ripken, como todos en el béisbol de la liga mayor, quedó impresionado con el joven estrella. —Tiene la oportunidad de ser uno de los grandes de todos los tiempos —dijo.

Rodríguez se dio cuenta de que era importante mantener su vida en equilibrio. Durante el receso de temporada dedicaba casi tanto tiempo a trabajar en su espíritu como en su deporte. Empezó a tomar algunas clases en la universidad para estudiar escritura y comunicaciones. No tenía que hacerlo. Sólo quería. —Siempre me ha gustado aprender —dijo.

Para un bateador, la segunda temporada de las ligas mayores es, por lo general, la más difícil. Generalmente los adversarios ya saben cómo hay que lanzarle al jugador. El resultado es la llamada "mala racha de bateo del segundo año".

En 1997 Rodríguez fue, relativamente, víctima de la mala racha de bateo, ya que su producción cayó en casi todas las categorías de ataque. Pero la mayoría de los demás jugadores habrían estado más que felices de haber jugado tan bien como lo hizo él, ya que aun así logró un promedio de bateo de .300 y no dejó de ser uno de los bateadores más peligrosos de la liga. Asimismo logró una de las proezas menos comunes del béisbol.

Sucedió en Detroit cuando los Mariners se enfrentaron a los Tigers. En la primera entrada, Rodríguez hizo crujir la bola con un jonrón. A la siguiente vez al bate, avanzó a primera base, y en la octava entrada metió un triple.

En su aparición en la novena entrada sólo necesitaba batear un doble para lograr lo que se conoce como "ciclo": un sencillo, un doble, un triple y un jonrón, todo en el mismo partido.

El lanzador Doug Brocail lo manejó con cuidado. Trató de sorprender a Rodríguez con una recta hacia el interior.

Alex enfrentó el lanzamiento, bateándolo en sentido contrario hacia el exterior derecho, en lo que luego describiera como un "hit suave con el mango del bate, un *sand wedge*". La pelota fue buena y rodó por la línea.

Al principio, Rodríguez ni siquiera pensó en buscar un doble, los Mariners tenían una gran ventaja y él no quería hacer quedar mal al lanzador.

Pero a medida que se acercaba a la primera base, su preparador, consciente de que Rodríguez sólo necesitaba un doble para el ciclo, agitó los brazos y gritó: —¡Anda, anda, anda! Sabía que el ciclo es tal rareza, que el otro equipo no pensaría que Rodríguez los estaba haciendo quedar mal. A-Rod corrió a gran velocidad y alcanzó la segunda base. Como era de esperar, Rodríguez luego se tomó ese logro con calma. —Para mí, la parte más emocionante fue la victoria —dijo.

El resto de la temporada estuvo pleno de emoción, ya que los Mariners seguían ganando en forma regular. El de Seattle era uno de los mejores equipos de béisbol. Randy Johnson volvió a encabezar la plana de lanzamiento, con 20 partidos ganados y hasta 19 bateadores ponchados en un mismo partido. Y Ken Criffey Jr. amenazó con romper el récord de Roger Maris de 61 jonrones en una temporada, terminando con 56. El

Alex Rodríguez, jugador seleccionado más importante de 1993, escucha mientras los Mariners de Seattle le dan la buena noticia.

El miembro más reciente y más joven de los Mariners de Seattle firma autógrafos después de una práctica de bateo en 1994.

Alex Rodríguez dedica un tiempo para hablar con un aspirante a
la Liga Mayor de Béisbol.

Los movimientos ágiles como éste hacen de A-Rod uno de los mejores jardineros cortos del béisbol.

A-Rod pega su primer jonrón grand slam en un partido contra los Tigers de Detroit en 1996.

Aun cuando signifique aplastar a la oposición, Rodríguez hace la doble jugada.

A-Rod conecta un jonrón en el primer partido de la Serie del Campeonato de la Liga Americana contra los Yankees, en el año 2000.

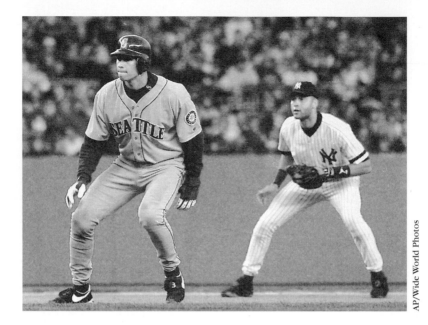

Dos de los mejores jardineros cortos de la liga de hoy: Alex Rodríguez y Derek Jeter se enfrentan durante el segundo partido de la Serie del Campeonato de la Liga Americana, en el año 2000.

El antiguo jugador de los Mariners ahora luce la camiseta de los Rangers de Texas, y exhibe su agilidad mientras recoge un roletazo durante un entrenamiento en la primavera de 2001.

A-Rod entra en calor antes de una práctica de bateo durante un entrenamiento en la primavera de 2001.

Estadísticas de la carrera de Alex Rodríguez

AÑO	Equipo	Prom.	Part. jugados	Al bate	Carrer.	H	2B	3B	HR	RBI	BB	K	OBP	SLG
1994	Sea	.204	17	54	4	11	0	0	0	2	3	20	.241	.204
1995	Sea	.232	48	142	15	33	6	2	5	19	6	42	.264	.408
1996	Sea	.358	146	601	141	215	54	1	36	123	59	104	.414	.631
1997	Sea	.300	141	587	100	176	40	3	23	84	41	99	.350	.496
1998	Sea	.310	161	686	123	213	35	5	42	124	45	121	.360	.560
1999	Sea	.285	129	502	110	143	25	0	42	111	56	109	.357	.586
2000	Sea	.316	148	554	134	175	34	2	41	132	100	121	.420	.606
2001	Tex	.318	162	632	133	201	34	1	52	135	75	131	.399	.622
2002	Tex	.300	162	624	125	187	27	2	57	142	87	122	.392	.623
2003	Tex	.298	161	607	124	181	30	6	47	118	87	126	.396	.600
Totales		.308	1275	4989	1009	1535	285	22	345	990	559	995	.382	.581

Lo más destacado de la carrera de Alex Rodríguez

1993:

Primero de todos en ser seleccionado

1996:

La revista *Sporting News* lo designa Jugador del Año

Associated Press lo designa Jugador del Año

Miembro del Equipo de las Estrellas de la Liga Americana

Finaliza segundo en la votación del Jugador Más Valioso de la Liga Americana

Primer jardinero corto que gana el título de bateo desde 1944

Hizo historia en la Liga Mayor con la mayor cantidad de batazos buenos y batazos para alcanzar más de una base, y con el promedio de bateo más alto que logra un jardinero corto

Lidera la liga en promedio de bateo, el más alto en la historia de la Liga Mayor que consigue un jugador menor de 22 años

Ganó el Premio Silver Slugger de la Liga Americana

1997:

Reemplazó al veterano jardinero corto Cal Ripken al iniciarse como jardinero corto en el Partido de las Estrellas.

Tercer jugador de los Mariners en establecer alguna vez una temporada 20/20 (jonrones y bases robadas)

1998:

Miembro del equipo de las Estrellas de la Liga Americana

Escribió el libro *Hit a Grand Slam (Batear un Grand Slam)*

El tercer jugador, y el primero que no es jardinero en la historia de la Liga Mayor en establecer una temporada 40/40 (jonrones y bases robadas)

Ganó el Premio Silver Slugger de la Liga Americana

1999:

Miembro del equipo de las Estrellas de la Liga Americana

Estableció su segunda temporada consecutiva con 40 jonrones, la primera para un jardinero corto

Ganó el premio Silver Slugger de la Liga Americana

2000:

Miembro del equipo de las Estrellas de la Liga Americana (quedó afuera por lesiones)

Baseball America lo elige Jugador del Año de la Liga Mayor

Tuvo la mayor cantidad de RBI que consigue un jardinero corto desde 1959

Ganó el premio Silver Slugger de la Liga Americana

2001:

Miembro del Equipo de las Estrellas de la Liga Americana

2002:

Miembro del Equipo de las Estrellas de la Liga Americana

Ganador del Premio *Golden Glove* de la Liga Americana

2003:

Ganador del Premio *Golden Glove* de la Liga Americana

Nombrado el Jugador más Valioso de la Liga

equipo estableció un récord en la liga mayor con 264 jonrones y consiguió sin dificultad el título de la División Oeste de la Liga Americana, al ganar un record de clubes de 90 partidos.

Ganaron el derecho a jugar contra Baltimore en la serie del campeonato de la división. Cal Ripken jugaba en Baltimore, y Rodríguez estaba entusiasmado de tener la oportunidad de jugar contra su héroe en tan significativa serie de juegos. De hecho, cuando finalmente Rodríguez se había mudado a su propia casa, se había llevado con él el afiche de Ripken que colgaba sobre su cama. Lo había hecho enmarcar y lo puso en un lugar de honor en su nueva casa.

Ripken organizó un taller durante las series y logró un promedio de bateo de .438, mejor que ningún otro jugador común. Aunque los Mariners jugaron duro, casi todo el equipo cayó en una mala racha de bateo. Griffey, Jay Buhner y Edgar Martínez hicieron entre ellos un promedio de .182. Sin demasiadas carreras de apoyo, Randy Johnson, que había perdido solamente cinco veces durante la temporada regular, perdió los dos partidos en los que lanzó contra los Orioles. El equipo de Baltimore ganó las series, tres partidos a uno.

De todos los Mariners, Rodríguez fue el que mejor jugó, con un promedio de .313 y un jonrón en el primer partido. Pero aun así estaba desilusionado con el resultado final. El éxito personal significaba poco para él si su equipo no había ganado.

Durante los años siguientes, eso determinaría su futuro.

Capítulo diez:
1998-2000

El hombre de los 252 millones de dólares

Rodríguez y sus compañeros de equipo esperaban ansiosos hacer una aparición en el evento anual de postemporada. Pero A-Rod sabía que no estaría satisfecho con nada que no fuera un anillo de la Serie Mundial. Su buen amigo Derek Jeter ya había ganado un anillo con los New York Yankees, campeón mundial de 1996. Rodríguez también quería uno.

Al comienzo de la temporada de 1998, los Mariners parecían estar en camino de alcanzar ese objetivo. Los Mariners tenían un núcleo fuerte en Randy Johnson, Griffey y A-Rod, tres de los mejores jugadores de béisbol. El equipo estaba en el proceso de construir un hermoso estadio de béisbol nuevo, y disfrutaban del sensacional apoyo de sus seguidores.

Pero en 1998 los simpatizantes de los Mariners empezaron a impacientarse.

De nuevo se derrumbó su lanzamiento, particularmente sus relevistas. Una y otra vez los Mariners lograban estar a la cabeza ya avanzado el partido para finalmente perderlo. No importaba que tanto Rodríguez como Griffey estuvieran atravesando años espectaculares. Los Mariners sencillamente no ganaban.

El equipo sabía que dentro de los dos años siguientes Johnson, Griffey y Rodríguez firmarían contratos nuevos. El club no creía que pudiera conservar a los tres jugadores. Pronto deberían decidir con quién quedarse.

Randy Johnson les facilitó la decisión. Se sintió frustrado con la organización y con los relevistas de los Mariners, y dejó en claro que quería que le dieran el pase. A finales de la temporada, lo enviaron al Houston Astros a cambio de algunos prospectos jóvenes.

A-Rod comprendió la razón del intercambio, pero aun así no le agradó. Sin Johnson para afirmar el grupo de lanzadores, sabía que los Mariners tendrían pocas posibilidades de ganar.

El equipo tenía también otros problemas. Al

tener tanto a Griffey como a Rodríguez en competencia por el estrellato, había cierto recelo entre ambos jugadores.

Al principio, cuando Rodríguez se incorporó a los Mariners, Griffey fue uno de los primeros jugadores que se hizo amigo de él. Pero en el transcurso de las últimas temporadas, lentamente se habían distanciado. Después de todo, Griffey era varios años mayor, estaba casado y tenía una familia a cargo. A-Rod todavía era un muchacho joven y soltero. Ya no tenían muchas cosas en común. Ambos estaban todavía esforzándose para ganar, pero los dos eran muy competitivos y querían ser el mejor beisbolista. Y ambos jugadores sabían que los Mariners probablemente no podrían mantener a los dos en Seattle. También se sentían cada vez más frustrados al perder.

Entre tanto, todo el béisbol se concentraba en el establecimiento del récord de jonrones entre Mark McGwire, Sammy Sosa y Ken Griffey Jr. Mientras ellos tres competían, Rodríguez tranquilamente logró una de las temporadas más grandes que un jardinero corto hubiese tenido jamás. Una vez más estaba entre los líderes de la liga en la mayoría de las categorías de ataque. Y con 42 jonrones y 46 bases robadas, llegó a ser en todo el mundo el tercer jugador en asociarse al llamado club "40-40". Ni siquiera Ken Griffey Jr. lo había hecho.

Durante la postemporada, Rodríguez inauguró la Fundación Alex Rodríguez, una obra benéfica para ayudar a los niños. También ayudó al Boys and Girls Club de Miami y patrocinó un programa educativo para los niños de Seattle. Para él es importante ayudar a la gente.

En 1999 eran pocos los espectadores con muchas expectativas en los Mariners. Sencillamente no contaban con buenos lanzadores para competir.

Las pocas oportunidades de ganar que tenía el equipo se evaporaron a sólo dos partidos de iniciada la temporada. Rodríguez se torció la rodilla izquierda y se desgarró un cartílago.

Pocas décadas atrás, una lesión como el desgarro del cartílago de la rodilla probablemente hubiera terminado con la temporada de un jugador. Pero hoy, gracias al avance de las técnicas quirúrgicas, los médicos pueden operar la rodilla a través de un orificio pequeño. La recuperación se produce en cuestión de semanas en vez de meses. A Rodríguez lo operaron dos días después de lesionarse la rodilla. Volvió a la alineación en menos de seis semanas.

En su primera vez al bate después de volver restalló la pelota en un jonrón, pero los Mariners ya estaban abandonando la carrera. Todos sus seguidores estaban deseando que abrieran su estadio nuevo de béisbol, el Safeco Field.

Durante la etapa de diseño del estadio, los Mariners afirmaron que este aumentaría la cantidad de dinero que ganaría el equipo y que los ayudaría a mantener a jugadores como Griffey y Rodríguez. Pero el estadio se había excedido del presupuesto, y el equipo tuvo que asumir los costos adicionales. Ahora parecía que en realidad el estadio de béisbol les *impediría* la contratación de ambos jugadores.

Aunque los seguidores adoraban el estadio nuevo, que tenía como característica un techo a cielo abierto que protegía el campo de juego mientras le daba al estadio la sensación de estar al aire libre, Griffey y Rodríguez se sentían menos que satisfechos. El Kingdome había sido pequeño y un buen estadio donde batear jonrones. Pero en el estadio nuevo, las vallas estaban más distantes y a ambos jugadores les resultaría más difícil batear jonrones allí.

No obstante, a pesar de perder más de treinta partidos, Rodríguez se las arregló para mantener su récord de carrera con 42 jonrones. Todavía seguía mejorando. De no haberse lesionado, probablemente ésta habría sido su mejor temporada.

Durante la postemporada, Ken Griffey rechazó un gran contrato de los Mariners y pidió un pase. Lo transfirieron a los Reds de Cincinnati.

De repente, a Alex Rodríguez lo consideraron el líder de los Mariner y su única gran estrella. Al mismo tiempo, tenía que empezar a preocuparse de su propio futuro. Su contrato estaba a punto de caducar a fines de la temporada de 2000, y en ese momento podría transformarse en un agente libre, libre para firmar con cualquier equipo de béisbol.

Algunos observadores se preguntaban si Rodríguez continuaría siendo tan productivo sin Griffey en la alineación. Pocos esperaban que los Mariners jugaran muy bien.

Pero los lanzadores prospectos que habían recibido a cambio de Randy Johnson habían madurado y estaban dispuestos a colaborar. Otro par de intercambios que el equipo hizo resultaron bien y, de pronto, los Mariners se encontraron con el mejor plantel de lanzamiento que hubiesen tenido en años.

Eso cambió todas las cosas. Bueno, eso y Alex Rodríguez.

Acalló sus críticas con la mejor temporada hasta entonces, al establecer récords de carrera en prácticamente todas las categorías, excepto en los jonrones y el promedio de bateo, a pesar de haber perdido dos semanas por una contusión y una lesión de rodilla. Incluso mejoró en el campo de juego, ya que durante la temporada cometió solamente ocho errores, un número increíblemente bajo para un jardinero corto. Era un verdadero líder de equipo, ya que sacaba lo mejor de cada uno de los miembros del equipo y constituía una presencia tranquilizadora en el campo de juego.

Los Mariners sorprendieron a todos con su buen juego. "Lo estamos pasando bomba", dijo A-Rod cuando la temporada llegaba al final con los Mariners todavía a la caza de las series finales de la liga. "Todos opinan que los veinticinco formamos un verdadero equipo. No somos un puñado de estrellas".

Los Mariners lucharon por el título de la división con los A's de Oakland hasta el último día de la temporada. Los A's les ganaron el título por poco margen, pero no obstante Seattle se clasificó como equipo comodín de las series finales de la liga.

En la primera ronda, los Mariners enfrentaron a los White Sox de Chicago. El lanzamiento de Seattle dominó la serie, eliminando a Frank Thomas, la estrella de bateo de los White Sox. Los Mariners arrasaron al equipo de Chicago en tres partidos seguidos y ganaron el derecho a jugar contra los Yankees de Nueva York por el banderín de la Liga Americana.

—Me gustaría escribir un libro acerca de cada una de las personas de este vestuario, —dijo Rodríguez más adelante.

Rodríguez sabía que contra el equipo de Nueva York tendría que jugar mejor. No había bateado muy bien contra el de Chicago. Los Yankees defendían por segunda vez el título de campeones. Alex sabía que para vencerlos tendría que dar lo mejor de sí.

Durante el primer partido, todo fue de acuerdo con lo programado. El lanzador Freddy García no cedió ni una carrera, y los Mariners sacaron una ventaja de 1 a 0 en la sexta entrada.

A-Rod se puso al bate contra el lanzador Denny Neagle de Nueva York sin nadie en las bases.

Neagle lanzó con cuidado, y Rodríguez bateó de foul un cambio de velocidad en un conteo de 3-1 para transformarlo en 3-2.

Neagle admitió después que debería haber hecho otro lanzamiento con cambio de velocidad. En lugar de eso, lanzó una recta.

"¡Toletazo!" La bola voló alta hacia el fondo del exterior izquierdo, rebotando fuera de la barra divisoria de faul para un jonrón. Seattle ganaba 2 a 0.

—Todas las veces que fui al bate estuve atento a cuando entrara una recta, y finalmente llegó —dijo Rodríguez más tarde. Los Mariners siguieron adelante y ganaron 2 a 1.

Pero eso fue lo único destacado de los Mariners. Los Yankees arrasaron en los tres partidos siguientes y al final ganaron la serie en seis partidos. Rodríguez había jugado bien, pero los relevistas de los Mariners se habían plegado ante los Yankees.

Cuando al final de la temporada Rodríguez sacó las cosas de su armario y se quitó el uniforme de los Mariners, supo que probablemente lo hacía por última vez. Todavía tenía en el aire la decisión de renovar su contrato con el equipo de Seattle. De hecho, pensaba escuchar ofertas de otros equipos.

Nunca antes un jugador tan joven y talentoso como Rodríguez había estado disponible en el mercado de agentes libres. Todos esperaban que recibiera el contrato más lucrativo de la historia del béisbol. La única pregunta era qué equipo lo contrataría.

La mayoría de los observadores esperaban que los Mets de Nueva York y los Dodgers de Los Ángeles fueran los más interesados, pero esos equipos anunciaron que habían decidido no solicitarlo. No querían gastar ese dinero. Luego los Braves y los Yankees pasaron, y los Mariners se retiraron de la oferta.

Los White Sox y los Texas Rangers fueron los únicos dos equipos deseosos de aceptar la propuesta de 200 millones de dólares que debían prepararse para pagar, según lo que Scott Boras, el agente de A-Rod, comunicó a los equipos.

Los White Sox se retiraron enseguida. Tom Hicks, el nuevo propietario de los Rangers, estaba desesperado por conseguir a Rodríguez. Finalmente, después de semanas de negociaciones, las dos partes acordaron un contrato de diez años por la increíble suma de ¡252 millones de dólares!

Hasta Rodríguez admitió: —Estoy casi confundido y avergonzado por este contrato. Acá me ven, toda mi vida he disfrutado del papel del más débil y, de repente, tengo una etiqueta que dice doscientos cincuenta y dos sobre la cabeza. Otros lo juzgaron escandaloso. Pero Hicks lo resumió al decir, "Si existe un jugador que merece el mayor contrato del béisbol, éste es ese jugador".

Probablemente tenga razón. Alex Rodríguez, a la edad de veinticinco años, ya ha alcanzado un nivel de éxito que la mayoría de los jugadores apenas sueñan. Así y todo, nunca ha olvidado de dónde provino. Nada en el mundo lo hace más feliz que el béisbol.

En el corazón, sigue siendo aquel pequeño del parque que practica el deporte que ama.

Capítulo once:
2001-2003

Ranger solitario

Después de firmar contrato tan valioso, Alex Rodríguez prestó atención a las palabras de Ken Griffey Jr. Años antes su antiguo compañero de equipo también había firmado un contrato como agente libre. Éste le dijo a Rodríguez que ahora los admiradores esperarían que justificara su salario.

—El mensaje que Griffey me dio fue que me enfrentaría al año de mayor desafío —dijo más tarde Rodríguez—; por eso trabajé tan duramente durante el invierno. Durante el receso de temporada Rodríguez se ejercitó en el gimnasio mucho más que antes. Además rechazó varias ofertas para aparecer en la televisión y otros lugares. No quería que nada lo distrajera del comienzo de la temporada.

También sabía que, como el atleta latino mejor pagado y más conocido de Estados Unidos, mucha gente lo admiraría. —Se lo importante que soy para los latinos —dijo. No quería decepcionar a nadie.

El dueño del equipo, Tom Hicks se estaba esforzando al máximo para no defraudar a Rodríguez. Le dijo a su jugador estrella nuevo que a pesar de haber firmado con él contrato tan valioso, tenía todavía suficiente dinero para gastar en otros jugadores. Hicks quería que los Rangers ganaran el campeonato mundial. Le prometió a A-Rod que nada le impediría al equipo alcanzar esa meta. Después de todo, parecía estar a la altura de su promesa, había tomado a los Dallas Stars de la Liga Nacional de Hockey y los había elevado a la posición de campeones de la Copa Stanley. Él esperaba hacer lo mismo con los Rangers.

Los Rangers se conocían como un equipo de grandes bateadores y Rodríguez ciertamente se sumaba a esa reputación. Sus compañeros de equipo en Texas incluían el receptor estrella Ivan "Pudge" Rodríguez, quien había tenido un promedio de .347 en el año 2000, y el primera base Rafael Palmiero, uno de los mejores jonroneadores. Los Rangers no habían tenido nunca problema para lograr carreras, y con Alex

Rodríguez en el equipo, parecían ser aún más poderosos al bate.

El problema de los Rangers había sido siempre el lanzamiento. En la temporada de 2000 hicieron lanzamientos terribles y el club terminó 71 a 91, en el último lugar de la Liga Nacional del Oeste. Para ese entonces su mejor lanzador, cerrador John Wetteland, se retiró.

Hicks sabía que para poder formar un equipo ganador necesitaba una nueva rotación en el montículo, pero desafortunadamente no pudo persuadir a ningún lanzador estrella a que firmara contrato con los Rangers. Para compensar, continuó procurándose más bateadores, como DH Andrés Gallaraga y el jugador de tercera base Ken Caminiti, un MVP anterior de la Liga Nacional. Los Rangers abrieron la temporada de 2001 con un arsenal suficiente de bateadores, pero no con buenos lanzadores.

Para abrir la temporada viajaron a San Juan, Puerto Rico, a enfrentarse contra los Toronto Blue Jays. La Liga Mayor de Béisbol quería ser más popular en América Latina y había decidido jugar el partido en Puerto Rico para exhibir estrellas latinas como Rodríguez y otros de los Blue Jays y Rangers.

Antes del partido Rodríguez estaba confiado, pero a pesar de eso nervioso. Sabía que todos estarían observando qué tan bien jugaría en su primer partido con el uniforme de Texas.

Tuvo un muy buen comienzo. En la primera entrada, bateando de tercero, arremetió con un jit, el primero como Ranger. Un momento después Rafael Palmeiro conectó un doble y Rodríguez corrió a la meta para marcar la primera carrera del partido de los Rangers.

Desafortunadamente, ésta sería la última carrera que los Rangers anotarían y también el momento más destacado de Alex Rodríguez en su primer día con ellos. El resto del día sería un desastre.

La primera bola que le batearon fue un roletazo fácil. La interceptó perfectamente y la lanzó a primera base exactamente como lo había hecho antes innumerables veces. Vio que el jugador de primera base se extendía para alcanzar la bola y continuaba extendiéndose. ¡Rodríguez había lanzado la bola a las graderías por error! Los admiradores abuchearon.

Al poco rato, mientras trataba de girarse para hacer una doble jugada, se resbaló y cayó. La multitud lo abucheó de nuevo, pero lo peor estaba todavía por llegar. Mas tarde en el partido, con un corredor en primera, voló para interceptar un roletazo y lanzar a segunda. Interceptó la bola limpiamente, pero mientras movía los pies para hacer el lanzamiento, los clavos de uno de sus zapatos se enredaron con los cordones, haciéndolo caer de cara. Mientras la multitud se reía, él quería meterse debajo de la segunda base. Jamás se había sentido tan avergonzado en su vida.

Los Rangers terminaron perdiendo 8 a 1. Rodríguez sabía que había jugado desastrosamente, pero no creó ninguna excusa. —Se debe empezar en algún lugar —dijo más tarde—. Hoy tuvimos un poco de todo. Afortunadamente, ese día de errores demostró ser una casualidad. En poco tiempo se estaba desempeñando a su nivel habitual, realizando grandes jugadas y bateando jonrones.

Desafortunadamente, los Rangers como equipo eran desastrosos. Para finales de abril y principios de mayo perdieron once de doce partidos. Al mismo tiempo los Mariners, el equipo anterior de Rodríguez, empezaron la temporada fabulosamente, una de las mejores en la historia del béisbol. Para la segunda semana de mayo, los Rangers ya estaban en el último lugar, catorce partidos detrás de los Mariners.

Para desilusión de los admiradores de los Rangers las cosas no mejoraron. A medida que la temporada avanzaba, los Rangers quedaron más y más atrás en la competencia de la división. Sencillamente no contaban con suficientes lanzadores buenos para competir.

Por la manera como jugaba Rodríguez, nunca se hubiera uno imaginado que los Rangers no tenían la oportunidad de llegar a las series finales. Cada vez salía al campo de juego y batallaba como si fuera el último juego de la Serie Mundial. —Alex ha jugado increíblemente bien —dijo el compañero de equipo Gabe Kapler. —Hemos obtenido todo lo que posiblemente hubiéramos podido esperar de Alex Rodríguez —añadió uno de los mayores reclutadores de la liga—, su equipo se debatía pero él, a pesar de todo, se lanzaba a interceptar bolas, hasta cuando su equipo perdía 10 a 1. Él juega con dedicación todo el tiempo.

A pesar de que los Rangers terminaron la temporada con un récord decepcionante de 73 a 89, de últimos en la Liga Americana del Oeste, Rodríguez tuvo la mejor temporada de su carrera. Conectó 52 jonrones e impulsó 135 carreras, todo acompañado de su promedio de bateo de .318. Al mismo tiempo su antiguo club, los Mariners, ganaron la cantidad increíble de 116 partidos, conquistando la división y el derecho a la serie final de la liga. A Rodríguez no le quedaba más que observar.

En 2002, el propietario Tom Hicks parecía mejor preparado para satisfacer la promesa de adquirir más lanzadores. Fuera de la temporada contrató a varios de ellos, incluso la estrella de Los Angeles Dodger Chan Ho Park, los primeros lanzadores Ismael Valdes y Dave Burba, y el relevista Todd Van Poppel. Los Rangers también firmaron de nuevo un contrato por dos años con el jonronero jardinero Juan Gonzalez. Al empezar la temporada, Rodríguez tenía la certidumbre de que los Rangers podrían competir. A pesar de darse cuenta de que no podría ser posible para ellos alcanzar a los Mariners, los Rangers tenían la esperanza de alcanzar el lugar que los dejara competir en la serie del campeonato de la división.

No obstante, consecutivamente en la segunda temporada, los Rangers empezaron espantosamente. Ninguno de los lanzadores nuevos lanzó tan bien como se esperaba. En mayo 25 el equipo descendió al cuarto lugar, y se mantuvo allí por el resto de la temporada, terminando con un récord de 72 a 90.

De todas maneras, a pesar de la mala temporada, Rodríguez jugó aún mejor. Para entonces bateó 57 jonrones, el segundo total más alto para un bateador derecho en la historia de la Liga Americana, solamente inferior al récord de 61 de Roger Maris en 1961. Además bateó .300 e impulsó 142 carreras, pero como comentó un ejecutivo del béisbol, casi nadie lo notó. —Él es el mejor jugador de béisbol —dijo el ejecutivo—, y se siente como si incluso nadie hablara de él. Parece como si los admiradores lo hubieran olvidado. Rodríguez terminó de segundo en la votación para MVP de la Liga Americana, detrás de Miguel Tejada, jardinero corto del Oakland Athletics. La diferencia parecía ser el hecho de que los Oakland Athletics llegaron a la serie final, mientras que los Rangers no llegaron ni cerca.

Rodríguez trató de olvidarse de ese año. Fuera de temporada se casó con su novia de muchos años, Cynthia Scurtis, y trató de mirar hacia el futuro a la temporada de 2003. Los Rangers despidieron a Jerry Narron, director técnico del equipo, y contrataron al antiguo director técnico de los

Yankee y Arizona, Buck Showalter. Por la segunda temporada consecutiva, el propietario Tom Hicks trató de adquirir ayuda para el lanzamiento, contratando a los cerradores Ugueth Urbina, Esteban Yan, y otros. Rodríguez estaba de nuevo optimista al empezar el entrenamiento de primavera.

En aquél momento ocurrió el desastre. A pocas semanas de estar entrenando en la primavera, se le hernió a Rodríguez un disco de la nuca, la primera lesión grave de su carrera. Afortunadamente quedó incapacitado por menos de un mes. A pesar de eso pudo formar parte de la alineación de apertura, pero la lesión lo hizo mirar su carrera desde una nueva perspectiva. Ahora se daba cuenta de que su tiempo como jugador de las grandes ligas podía terminar en un instante. Con esto presente, empezó la temporada con la determinación de ganar.

En abril 2, conectó el jonrón trecientos de su carrera, entrando en el libro de récords como el jugador más joven en la historia del béisbol que bateara tantos jonrones. Si pudiera mantenerse a ese paso por otros diez o doce años, tendría la posibilidad de batir el récord de jonrones de todos los tiempos que actualmente mantiene Henry Hank Aaron con 756.

Pero a Rodríguez no le importaban los récords. Sencillamente quería ganar partidos. A pesar de todo, los Rangers estaban todavía bregando, y para fines de mayo era obvio que iban camino a otro cuarto lugar en la Liga Americana del Oeste, con un record bien por debajo de .500.

El propietario Tom Hicks decidió cambiar de curso y reconstruir el equipo. Empezó a intercambiar los jugadores más costosos de los Rangers y anunció que le iba a dar la oportunidad a algunos novatos.

Rodríguez sabía que preparar a jugadores jóvenes para ser campeones podía llevar años, lo que significaba que podrían pasar años antes de que los Rangers fuera un equipo campeón. Esta perspectiva no le gustó. No obstante, como de costumbre, jugó de manera excelente. Mientras los Rangers se movían torpemente obteniendo un récord de 71 a 91, Rodríguez era casi el único jugador del equipo que no estaba decepcionado. Llegó al final con 47 jonrones y 118 carreras impulsadas.

Sin embargo para los admiradores era evidente que él se estaba sintiendo frustrado. El 18 de noviembre de 2003 lo nombraron el Jugador más Valioso de la Liga Americana, derrotando a Carlos Delgado del Toronto Blue Jays, pero cuando Rodríguez habló con los reporteros después de ganar el premio, no parecía estar muy alegre. A pesar de que dijo que se sentía "humilde y abrumado", reconoció también que aunque tenía una cláusula en el contrato que le impedía a los Rangers intercambiarlo, él aprobaría "categórica-mente" el intercambio si se le permitiera pasar a un equipo ganador.

No pasó mucho tiempo sin que otro equipo le aceptara el ofrecimiento. El Boston Red Sox había apenas sufrido una aplastante derrota frente a los Yankees en el séptimo partido de la ALCS (Serie del Campeonato de la Liga Americana). Estos ofrecieron intercambiar estrellas con los Rangers, enviándoles al jardinero Manny Ramirez a cambio de Rodríguez.

Para los Rangers el intercambio tenía sentido. Hicks estaba experimentando problemas financie-ros, y aunque Ramirez ganaba cerca de veinte millones al año, su contrato era más corto. A largo plazo los Rangers se ahorrarían cerca de 100 millones con el trato.

El intercambio alborotó el mundo del béisbol. Los Red Sox consideraban que Rodríguez podría ayudarlos a ganar finalmente el campeonato mundial, y la Liga Mayor de Béisbol creía que tener a Rodríguez en una ciudad como Boston apasionada al béisbol, sería bueno para el juego. El comisionado Bud Selig llegó hasta suspender algunas reglas para permitirle a los Red Sox negociar con Rodríguez antes de llegar a un trato. A pesar de que necesitaba con urgencia adquirirlo, Boston quería reestructurar su contrato.

Rodríguez estaba definitivamente interesado en unirse a los Red Sox. Su esposa tenía muchos parientes en el área de Boston, y a él le encantaba la idea de jugar en Fenway Park, donde cada partido era como si fuera uno de la serie final. Sabía que si podía conducir a los Red Sox a un campeonato mundial, el primero desde 1918, sería para siempre un héroe en Nueva Inglaterra.

Las partes interesadas mantuvieron negociaciones durante semanas, pero finalmente, los Red Sox y los Rangers sencillamente no pudieron llegar a ningún acuerdo. Por el camino, Rodríguez se desencantó un poco de los Red Sox por la manera como manejaron el trato propuesto. Justo antes de la Navidad, el propietario del equipo de Texas, Tom Hicks, dio por terminado el asunto.

De hecho, Rodríguez pareció alegrarse. Mientras más se alargaba el proceso, más empezaba a cuestionarse si ese era el paso correcto para dar. Después de todo, había firmado el contrato con los Rangers y no quería irse sin ayudarlos a ganar un campeonato. A pesar de darse cuenta de que esto no pasaría de la noche a la mañana, estaba decidido a jugar lo mejor posible para convertir a los Rangers en campeones.

Agotado mentalmente después de semanas de negociaciones, Rodríguez dejó ahora a su mujer, Cynthia, que hablara por él. —Volvemos a Texas con alegría, —dijo—. Alex está muy contento.

Tom Hicks también estaba muy contento. Después de entretener la idea de intercambiar el mejor jugador de béisbol, se mostró más apreciativo que nunca de la estrella.

—Estoy ciento por ciento seguro que cuando los Rangers se presenten para el entrenamiento de primavera, el que va a esforzarse más y el que va a ser nuestro líder va a ser Alex Rodríguez —dijo.

Después de todo, ganando o perdiendo, esa ha sido siempre la manera como Alex Rodríguez juega. Él no va a cambiar.

Pero resultó que Boston no fue el único equipo interesado en Rodríguez. A principios de febrero de 2004, los New York Yankees se comunicaron con los Rangers para hacerles una oferta. Siguieron negociaciones. Luego, un poco antes de dos semanas más tarde, se llegó a un trato que aprobó el comisionado de la LMB, Bud Selig. Alex Rodríguez se convertiría en un jugador de los Yankees.

El mundo del béisbol estaba atónito. Los admiradores de los Red Sox estaban alborotados, argumentaban que habían sido defraudados. Pero lo que en realidad sucedió fue que los Yankees llegaron a un trato con Rodríguez y los Rangers que estos no podían dejar pasar. George Steinbrenner, el dueño de los Yankees, estuvo dispuesto a entregar a dos de sus jugadores y a pagar una suma considerable, de hecho, la más alta en la historia de la liga, para lograr obtener a Rodríguez. Simplemente los Red Sox o cualquier otro equipo no pudo igualar o superar la oferta.

Para Rodríguez, convertirse en un jugador de los Yankees significa hacer algunos cambios. Ante todo, no jugará más en la posición en la que había jugado por años. Los Yankees ya tienen a Derek

Jeter, un jardinero corto estrella, así que Rodríguez pasará a tercera base. Además, debido a que los Yankees retiraron la camiseta número tres, el número de Babe Ruth, A-Rod llevará ahora la número 13.

Pero estos cambios parecen no haber desconcertado al jugador estrella. Más bien, tiene la mira puesta en el premio máximo del béisbol, ganar la Serie Mundial, algo que él cree no hubiera sucedido si se hubiera quedado con los Rangers.

—El mayor desafío es permanecer en el sur —dijo Rodríguez durante el entrenamiento de primavera de 2004— ¿Era realista (un campeonato)? Probablemente no. Una cosa acerca de Tom Hicks (dueño de los Rangers): él hizo todo lo que estuvo a su alcance. Yo también prefiero tratar y no alcanzar el objetivo, que no tratar del todo.

Aún así, no pudo contener su entusiasmo por el traspaso. "Es algo más de lo que se podía esperar. Es increíble".

Para Alex Rodríguez, un jugador cuyo talento es descomunal, sin lugar a dudas el futuro se presenta muy brillante.

La serie de deportes N.° 1 para niños

¡Lee todos los libros de Matt Christopher en español!

Novelas clásicas

Biografías